AF377814

CARTHAGO

EDMOND POULAIN

Ouvrage subventionné par le Conseil Municipal de Tunis
et le Comité d'Hivernage

CARTHAGO

Origine — Description
Source de ses richesses et de sa puissance
Recrutement de l'armée — Sciences et Arts — Mentalité
Gouvernement — Religion — Moloch — Sacrifices humains
Poème : Carthago : Physionomie générale avant et pendant la guerre
des Mercenaires (241-239 av. J.-C.)
Epopée d'Annibal (218-186) — Grandeur et décadence
Chute — Ruines
Nombreuses notices sur la Tunisie à l'usage des Touristes
accompagnées d'un plan de Carthage
d'une carte de la Tunisie et de nombreuses photogravures

PRIX : 2 FR. 50

TUNIS

SOCIÉTÉ ANONYME DE L'IMPRIMERIE RAPIDE
5, rue Saint-Charles, dans son immeuble

1911

Dédié

à mon ami Desgranges

EDMOND POULAIN.

TUNIS — STATUE DE JULES FERRY

CARTHAGE — RUINES DE L'AMPHITHÉÂTRE

A la mémoire de JULES FERRY.

Resurrexit Carthago

De Carthage Didon avait conçu le plan :
« Aux vaisseaux, une mer qui doucement moutonne ;
A ses Phéniciens, un comptoir où l'or sonne ! »
Et le commerce actif avait pris son élan.

Le trafic y tombait, forcé comme un palan,
Quand Rome, sans façon trouvant la place bonne,
Se dit : « Pour pied-à-terre, eh bien ! je me la donne » ;
Puis ce fut Genséric, la gloire et le bilan !

De vingt siècles passés secouant la poussière,
Carthage enfin surgit, renaît à la lumière :
Sous l'œil d'un vigilant protecteur, voyez-la !

Et la vague en mourant murmure à la falaise :
« De Gadès à Rangoun et de Rome à Zeila,
Je sais plus d'un jaloux de ta Perle Française ! »

Edmond POULAIN.

Tunis, le 16 janvier 1911.

Avis aux Lecteurs

Carthage, ce pays de rêve par excellence, étant devenue, depuis l'établissement du tramway électrique, la promenade favorite des Tunisois, nous avons pensé qu'ils s'y rendaient beaucoup plus pour y prendre librement leurs ébats que par amour des choses antiques, et il nous a semblé que, même dans ces dispositions d'esprit, et au milieu de cette griserie qui résulte forcément d'une telle ambiance, les amants assidus des poétiques et salubres plages de La Goulette, Khéreddine, Le Kram, Salammbô, Carthage, Sidi-bou-Saïd, la Corniche, La Marsa, ne seraient nullement fâchés d'avoir quelques notions exactes de ce que fut la cité punique haïe du vieux Caton. C'est donc tout spécialement pour eux, dont la plupart sans doute n'ont qu'une vague idée de cette République plouto-démocratique, que nous avons écrit ces quelques pages d'histoire puisées aux sources les plus authentiques (historiens contemporains grecs et latins), où sont condensés les principaux événements et actions qui contribuèrent si puissamment à sa grandeur comme à sa chute.

Pour ces personnes, que les questions d'archéologie intéressent peu, cette science n'étant à la portée que d'un petit nombre d'initiés, les renseignements historiques succincts que nous leur donnons leur seront, croyons-nous — de retour dans leurs pénates — beaucoup plus précieux que le souvenir confus de pierres tombales, de sarcophages, de statuettes et de monnaies aux inscriptions puniques, grecques ou romaines rongées par le temps, ou de colonnes et de chapiteaux brisés, rencontrés çà et là sur les lieux.

Quant aux touristes et amateurs de ruines, ils trouveront à l'Appendice, Notice 1, un plan de Carthage qui leur permettra de s'orienter au milieu de ce chaos et de ce sol bouleversé et qui leur indiquera les rues projetées, les conduites d'eau posées, ainsi que les emplacements des principaux monuments, quartiers et artères de l'antique Carthage, entre autres ceux du temple de Saturne ou Moloch, d'Esculape, du Cothon ou port, de la citadelle de Byrsa, des réservoirs d'eau, des quais et murs d'enceinte, de la basilique chrétienne, de l'Odéon ou théâtre et du cirque romain.

Pour plus amples renseignements, consulter les guides du savant et désintéressé R. P. Delattre et du sympathique Dr Carton, correspondant de l'Institut.

EDMOND POULAIN.

M. ALAPETITE
Résident Général

Une Réponse à ma Dédicace

La lecture de ce modeste poème, que nous avons dédié à notre ami Desgranges, nous a valu la lettre suivante; bien qu'elle soit beaucoup trop élogieuse pour notre faible talent, nous nous faisons un devoir de la publier ici, cette lettre constituant, en effet, par elle-même une magnifique page d'histoire.

Mon cher Ami,

J'ai lu avec le plus vif plaisir le beau poème que vous venez de composer et qu'illustrent une savante préface et de nombreuses notices historiques où profanes et érudits trouveront à glaner de précieux renseignements. Vous vous étiez déjà montré bien des fois comme un poète agréable, facile et, pour me servir de la propre expression de Victor Hugo au sujet de votre Revanche d'un Héraclide, *d'une haute inspiration; mais votre dernière œuvre nous révèle en vous un fin lettré, guidé par un sens artistique très sûr et une profonde compréhension de la vie des peuples anciens et de la marche ascendante de l'humanité.*

Carthage, vers laquelle nous attirent tant de souvenirs, nous apparaît toute nouvelle à la clarté éblouissante du soleil d'Afrique. De ses ruines surgissent, frémissantes, les ombres des héros fameux dont les gestes grandioses ont ravi et exalté notre imagination d'enfant. Didon amoureuse et désolée — l'histoire est toujours vraie *— Hannon, adipeux et retors, dont la conscience est aussi élastique que vaste est la fortune ; le Romain égoïste, étranger à la noblesse et à la beauté même quand il s'appelle Scipion, et les flottes puissantes, et ces armées de mercenaires bariolés et redoutables qu'encadrent de lourds escadrons d'éléphants richement caparaçonnés ; toute* cette foule étrange et merveilleuse défile à nos yeux éblouis et charmés. Puis, par un frappant contraste qui traduit fidèlement la vie de ces âges primitifs, d'horribles superstitions nous écarteront, épouvantés, de cette éclatante splendeur. Nous vous suivons, haletants, au pied de la statue de l'insatiable Moloch, que tous les efforts de la raison et toutes les conquêtes de la science n'ont pas réussi complètement à renverser du sanglant piédestal où le maintiennent encore l'ignorance d'un grand nombre et la fourberie de quelques-uns.

Voici Rome aux prises avec Carthage. L'altière Rome a connu les revers, les fuites honteuses, l'angoisse de désastres peut-être irréparables. Le Sénat et le peuple tremblent, mais à la suite d'Hannon l'aristocratie de Carthage veille sur les destinées de Rome. L'aristocratie sait déjà haïr tout ce qui est noble et généreux, elle apprend bientôt à trahir, et le Grand Annibal succombe enfin dans une défaite sublime.....

Ces lumineux tableaux, ces vastes horizons que colore un ciel bleu dont l'azur étonne nos imaginations d'hommes du Nord, se déroulent devant nous dans des vers d'une élégante et souple facture. Si nous nous sommes laissé sans peine emporter par le charme de ces antiques visions, nous vous suivons volontiers quand vous nous arrachez brusquement à la contemplation des ruines de ce qui n'est plus pour nous mettre en face de la réalité actuelle, plus belle encore, de la beauté qui s'attache à la vie.

De la poussière de Carthage va naître une autre Carthage animée du souffle nouveau, du souffle vivifiant de la science et de la raison. C'est nous qui sommes les anciens du monde, et le monde régénéré par les conquêtes de l'homme peut porter sans crainte et sans honte ses regards derrière lui ; sa destinée s'accomplit, toujours plus belle : la splendide clarté d'un ciel aussi pur que celui qui éclairera les joies et les douleurs des amants chantés par Virgile.

A la lecture de ces beaux vers, de ces pensées fortes et généreuses, je ne puis m'empêcher d'être pris d'une sincère tristesse : je déplore la disparition si rapide et maintenant officielle de nos vieilles humanités. Je me demande si le langage que vous parlez ne cessera pas trop tôt d'être compris par tous ces jeunes que nous élevons sans enthousiasme dans le culte exclusif des conceptions utilitaires, par toutes ces générations déjà égoïstes auxquelles nous n'avons plus le droit d'enseigner qu'il y a des illusions plus vraies et plus fécondes que la vérité humaine et chancelante. Il y a encore, heureusement, quelques esprits attardés, dont je me réjouis d'être, et qui trouveront à lire et relire votre poème beaucoup de plaisir et de profit.

Recevez, mon cher ami, l'expression sincère de tout le bien que je pense de votre œuvre et de toute l'estime que j'ai pour votre personne et votre talent.

Cordialement vôtre.

P. DESGRANGES,
Professeur de Philosophie.

PRÉFACE

I. Origine de Carthage

L'établissement de Carthage est attribué à Elissa, princesse tyrienne, plus connue sous le nom de Didon. Suivant Strabon(1),liv.17,p.832,elle avait épousé Acerbas ou Sichée, son propre parent, prince extrêmement riche, et, pour échapper à la tyrannie de Pygmalion, son frère, qui régnait à Tyr et qui avait assassiné son mari dans le dessein de s'emparer de ses richesses, elle trompa la cruelle avarice de son frère en s'enfuyant secrètement avec tous les trésors de Sichée. Elle aborda sur les côtes de la mer Méditerranée, au golfe où était Utique, à dix lieues de Tunis; elle acheta un terrain des habitants du pays, s'y établit avec sa petite troupe de Tyriens et y bâtit sa ville, qui fut appelée « Cart-Hada », Carthage, nom qui signifie, en langue phénicienne, (2) « ville neuve » (883 av. J.-C.), 135 ans environ avant que Rome fût bâtie.

Quelques auteurs assignent à Carthage une origine beaucoup plus ancienne et prétendent que Didon n'aurait fait que l'agrandir en construisant la citadelle de Byrsa. Ce qui a

(1) Géographe grec, né à Amasée en Cappadoce, vers 58 av. J.-C.

(2) Le langage des Phéniciens ou des Tyriens était le même que celui des Chananéens et des Israélites, c'est-à-dire la langue hébraïque, ou tout au moins une langue qui en était entièrement dérivée. Leurs noms avaient d'ailleurs une signification particulière. Ainsi Hannon signifie : *gracieux, bienfaisant* ; Didon : *aimable* ou *bien-aimé* ; Sophonisbe : *elle gardera bien le secret de son mari* ; Annibal : *Baal* ou *le Seigneur m'a fait grâce.* Le mot *Pœni*, d'où vient « punique », est le même que *Phœni* ou *Phéniciens*. On a dans *Phœnulus*, de Plaute, une scène en langue punique qui a fort exercé les savants.

donné quelque créance à cette opinion, c'est probablement que, sur cette même côte d'Afrique, Utique et Bône ont été fondées par les Phéniciens trois siècles environ auparavant, au XIe siècle av. J.-C. (1)

On suppose d'ailleurs que, dès cette époque, ils apprirent aux Berbères (qui les communiquèrent à leurs frères de l'ouest c'est-à-dire du Maroc), quelques-unes de leurs indutries de luxe : la fabrication du verre, l'art de tisser et de teindre les étoffes précieuses, enfin l'écriture alphabétique. (2) Mais cela ne prouve rien, attendu que des émigrations de Phéniciens se sont produites à des époques beaucoup plus anciennes. On sait parfaitement, en effet, que c'est une colonie de Phéniciens qui, vingt siècles av. J.-C., établit dans l'île de Crète la station de TELCHINIA, et que, passant de là dans le Péloponèse, ces Phéniciens communiquèrent aux habitants plusieurs de leurs usages et de leurs croyances, entre autres le culte du Ciel *(Uranos)* et de la Terre *(Ghe)*. En outre, les Cyclopes ou Pélasges, venus selon toute apparence de l'Asie par la route du Bosphore en suivant le littoral de la Méditerranée, et qui bâtirent, en Argolide, ARGOS, MYCÈNES, TYRINTHE, CORINTHE, MÉGARE et, dans l'Achaïe, SICYONE et PALLÈNE, (3) n'étaient autres eux-mêmes — suivant M. Pouqueville (4) — que des Syriens.

Ces Pélasges qui, en Epire, en Thessalie, en Arcadie, en Crète, etc., s'étaient substitués aux anciens peuples : aux

(1) Cadix, sur la côte d'Espagne, a été bâtie à cette époque par les Phéniciens.

(2) L'inscription bilingue de Thugga était en *punique* et en *berbère.*

(3) On reconnaît les traces du séjour des Pélasges à la nature des monuments qu'ils ont laissés après eux ; formés de murs dits pélasgiques ou cyclopéens, dont la solidité semble braver l'effort des siècles, énormes blocs de pierre, à peine dégrossis, entassés les uns sur les autres de manière à s'agencer et à composer une masse inébranlable.

(4) Un des Français qui ont fait en Grèce le plus long séjour et qui ont le mieux décrit ce pays.

Lapithes, aux Centaures, aux Telchiniens, etc., finirent à
leur tour par être sinon expulsés, mais — ce qui est beaucoup plus plausible — absorbés par les Hellènes, dont l'invasion (—1590) fut sans doute la conséquence d'une inondation terrible,connue sous le nom de «déluge de Deucalion»,(1)
qui dévasta le nord de la Grèce.

II. Description de Carthage

Suivant Strabon (liv. XVII, p. 832), Carthage contenait, au
commencement de la guerre contre les Romains, sept cent
mille habitants. Elle était située au fond du golfe, environnée
de la mer, en forme de presqu'île, dont le col ou l'isthme qui
la joignait au continent était large de vingt-cinq stades (5 kilom.). La presqu'île avait 360 stades (72 kilom.). Du côté de
l'Occident il en sortait une longue pointe de terre, large à peu
près d'un demi-stade (100 mètres) qui, s'avançant dans la
mer, la séparait du marais et était fermée de tous côtés par
des rochers ou une simple muraille. Du côté du midi et du continent, où était la citadelle appelée Byrsa, la ville était close
d'une triple muraille haute de trente coudées (13^{m}25), sans
les parapets et les tours qui la flanquaient tout à l'entour, à
égale distance,éloignées l'une de l'autre de 80 toises (155^{m}92).
Chaque tour avait quatre étages; les murailles n'en avaient
que deux; elles étaient voûtées, et, dans le bas, il y avait des
étables contenant 300 éléphants, avec des magasins pour
leurs caparaçons, leurs entraves et leur nourriture. Il s'y
trouvait aussi de quoi loger 20.000 fantassins et 4.000 cavaliers. Enfin, tout cet appareil de guerre était renfermé dans
les seules murailles.

Il n'y avait qu'un endroit de la ville dont les murs fussent

____

(1) D'après la fable, Deucalion et sa femme Pyrrha auraient seuls
échappé à cette inondation en construisant, suivant les conseils
de Prométhée, un navire qui s'arrêta sur le sommet du Parnasse.

faibles et bas : c'était un angle négligé qui commençait à la pointe de terre dont nous venons de parler et continuait jusqu'aux ports, qui étaient du côté sud-ouest. Ces ports, au nombre de deux, communiquaient ensemble, mais n'avaient qu'une seule entrée, large de soixante-dix pieds (0^{m}2945 × 70 = 20^{m}615) et fermée par des chaînes. Le premier était pour les marchands et contenait de nombreuses et diverses demeures pour les matelots ; l'autre, au milieu duquel se trouvait un îlot (1) où s'élevait le palais de l'Amirauté, était le port intérieur, spécialement destiné aux navires de guerre. L'îlot était bordé, comme le port, par de grands quais où s'ouvraient des loges séparées pour abriter deux cent vingt navires, et des magasins au-dessus, où l'on gardait tout ce qui est nécessaire à l'armement et à l'équipement des vaisseaux. L'entrée de chacune de ces loges était ornée de deux colonnes en marbre d'ordre ionique, de sorte que le port, aussi bien que l'îlot, représentaient des deux côtés deux magnifiques galeries.

L'amiral pouvait découvrir de son palais tout ce qui se passait dans la mer, sans que, de celle-ci, on pût rien voir de ce qui se faisait à l'intérieur du port.

On distinguait donc trois parties dans Carthage : 1° le port, qui était double, appelé quelquefois Cothon, à cause du petit îlot de ce nom où se trouvait le palais de l'Amirauté ; 2° la citadelle, nommée Byrsa ; 3° la ville proprement dite, où demeuraient les habitants et qui environnait la citadelle, désignée sous le nom de Mégara.

III. Source des richesses et de la puissance de Carthage

Les Carthaginois prirent bientôt une grande importance par leur activité commerciale et industrielle. Après avoir inondé de leurs comptoirs *(emporia)* les côtes de la Méditer-

---

(1) On aperçoit encore aujourd'hui l'emplacement et des vestiges de cet îlot.

ranée, de l'Espagne et même de la Gaule, ils se rendirent maîtres, on ne sait au juste à quelle époque, de l'île de Sardaigne, dont ils tiraient des vivres en abondance, et s'emparèrent des îles Baléares (Majorque et Minorque) et de la Corse.

Leurs vaisseaux pénétraient dans l'Océan jusqu'aux îles Canaries, jusqu'au delà du cap Vert, jusqu'aux îles Sorlingues. Ils allaient partout acheter à bon marché le superflu de chaque nation pour le convertir, au regard des autres, en un nécessaire qu'ils vendaient avec des bénéfices énormes. Ils tiraient de l'Egypte le fin lin, le papier, le blé, les voiles et les câbles pour les vaisseaux ; des côtes de la mer Rouge, de Colchide et de l'Inde, par les caravanes des Troglodytes et de la Perse, les épices, l'encens, les aromates, les parfums, l'or, les pierres précieuses, l'ivoire, la soie, le coton ; de Tyr et de la Phénicie, la pourpre et l'écarlate, les riches étoffes, les meubles somptueux, les tapisseries et les différents ouvrages curieux et d'un travail recherché. Au retour, ils apportaient, en échange, le fer, l'étain, le plomb et le cuivre des côtes occidentales, et, par l'échange de toutes ces marchandises, ils s'enrichissaient aux dépens de toutes les nations et les mettaient à une sorte de contribution d'autant plus sûre qu'elle était volontaire. Diodore rapporte que les mines d'or et d'argent qu'ils trouvaient en Espagne furent une source incomparable de richesses grâce auxquelles ils purent soutenir de si longues guerres contre les Romains.

« En se rendant ainsi les facteurs et les négociants de tous les peuples, dit Strabon, ils étaient devenus les princes de la mer, le lien de l'Orient, de l'Occident et du Midi, et le canal nécessaire de leurs communications. » Carthage était devenue ainsi la « ville commune » de toutes les nations que la mer avait séparées et le centre de leur commerce.

De marchande qu'elle était par inclination, cette République devint bientôt guerrière par la nécessité de se défendre et par le désir d'étendre son commerce et d'agrandir son empire.

IV. Recrutement de l'armée

Au Vᵉ siècle avant notre ère, après avoir payé tribut jusque-là aux Africains pour le terrain qui lui avait été cédé, la République s'était emparée des territoires de Zeugis. Elle eut une armée de soldats mercenaires. Elle tirait de l'Espagne une infanterie ferme et invincible ; des Gaules, des troupes d'une valeur guerrière universellement reconnue ; de Numidie, sa cavalerie légère, audacieuse autant qu'infatigable ; des îles Baléares, (1) les plus adroits frondeurs de l'univers. Elle mettait ainsi, tout d'un coup, sur pied, une puissante armée composée des meilleures troupes du monde, sans dépeupler ses campagnes ni ses villes, sans suspendre le travail de ses manufactures, sans affaiblir sa marine. Par la vénalité, elle s'acquérait la possession des provinces et des royaumes, sans rien y mettre du sien, sinon son argent.

Les plus considérables de la ville ne dédaignaient pas de faire du négoce ; ils s'y adonnaient comme le plus humble des citoyens, et leurs immenses richesses ne les empêchaient jamais de l'assiduité, de la patience et du travail nécessaires pour les augmenter. Ce goût du commerce, qu'ils possédaient à un degré incomparable, ils l'avaient apporté de Tyr, leur patrie d'origine, qui était la première école du monde pour le commerce.

V. Sciences et arts des Carthaginois

Au reste, toute l'étude des jeunes gens, à Carthage, se bornait à écrire, à chiffrer, à dresser un registre, à tenir un comptoir, en un mot à ce qui regarde simplement le trafic : Belles-Lettres, Histoire, Eloquence, Poésie, Philosophie

---

(1) On accoutumait, dès l'enfance, les habitants à manier la fronde, et pour cela, dit Didiore de Sicile (liv. V, p. 298, et liv. XIX), les mères plaçaient sur une branche d'arbre le déjeuner des enfants qui demeuraient à jeun jusqu'à ce qu'ils l'eussent abattu. Baléare vient du mot grec *ballo*, lancer, jeter.

étaient choses peu estimées à Carthage et totalement inconnues des jeunes citoyens, auxquels il n'en était même pas parlé.

Commerçants incomparables, ils n'avaient d'ailleurs de goût ni pour les sciences ni pour les arts. On ne trouvait chez eux aucun monument de leur habileté. Ils avaient pillé beaucoup d'objets d'art chez les autres nations vaincues, mais on ne voit pas qu'ils en eussent fait eux-mêmes.

VI. Mentalité des Carthaginois

L'industrie, l'habileté, la finesse, la ruse était la caractéristique des Carthaginois.

« Leur perfidie, dit Cicéron, était si connue qu'elle était passée en proverbe *(fides punica)*, et, pour marquer un esprit fourbe, on n'avait d'expression ni plus propre ni plus énergique que de l'appeler « esprit carthaginois » *(Punicum ingenium)*.

Le désir excessif d'amasser et l'amour désordonné du gain étaient pour eux une source ordinaire d'injustice et de mauvais procédés.

Saint Augustin rapporte, à ce sujet, que de son temps les habitants de Carthage reconnurent eux-mêmes, dans une circonstance assez particulière, qu'ils possédaient encore cette mentalité très caractéristique : « Un charlatan, dit-il, avait promis aux habitants de Carthage de leur découvrir, à tous, toutes leurs plus secrètes pensées, s'ils venaient un certain jour l'écouter. Lorsqu'ils furent assemblés, il leur dit qu'ils pensaient tous, quand ils vendaient, à vendre très cher, et, quand ils achetaient, à le faire à bon marché. Ils reconnurent tous que cela était vrai et, par conséquent, qu'ils étaient injustes. »

Si saint Augustin pouvait ressusciter, il serait sans doute fort surpris de voir que cette mentalité, qu'il signale comme particulière aux Carthaginois, est devenue de nos jours commune à tous les peuples de la terre et que le culte de la sublime religion du Christ, accaparé par l'Eglise romaine, dont il fut un des prélats les plus illustres et les plus désintéressés, n'a pas échappé à la contagion. Partout et de toutes parts, le Veau d'Or est debout, et toute personne chez laquelle ne figure pas au premier rang la préoccupation de s'enrichir coûte que coûte est considérée, d'une façon générale, à notre époque, comme un déséquilibré, un rêveur, un utopiste, un Don Quichotte, un propre à rien ou un imbécile.

« Et tout cela parce qu'aux premiers âges, dit Jean-Jacques Rousseau, il s'est trouvé un homme qui, ayant enclos un bout de terrain, s'avisa de dire : « Ceci est à moi » et trouva des gens assez simples pour le croire. Cet homme fut le vrai fondateur de la société civile. Que de crimes, de meurtres, de misères et d'horreurs, ajoute J.-J. Rousseau, n'eût point épargnés au genre humain celui qui, arrachant les pieux ou comblant les fossés, eût crié à ses semblables : «Gardez-vous d'écouter cet imposteur ! vous êtes perdus si vous oubliez que les fruits sont à tous et que la terre n'est à personne ».

Mais que les propriétaires se rassurent, ces institutions sont tellement ancrées dans nos mœurs qu'il coulera sans doute encore beaucoup d'eau sous les ponts avant qu'on y ait rien changé.

VII. Gouvernement de Carthage

« Le Gouvernement de Carthage, dit Aristote (liv. II, *De Respublica*, 6, chap. II), était aristo-démocratique », c'est-à-dire un gouvernement mixte, où l'autorité est partagée entre les grands et le peuple. « Ce gouvernement réunissait, dit Polybe (liv. VI, p. 493), comme celui de Sparte et de Rome, trois autorités différentes qui se balançaient l'une l'autre et se prêtaient mutuel secours : 1° *celle des deux magistrats suprêmes appelés suffètes;* 2° *celle du Sénat;* 3° *celle du Peuple.»* Dans la suite, on y ajouta *le Tribunal des Cent*. Le pouvoir des suffètes, qui était à Carthage ce que celui des consuls et des dictateurs était à Rome, ne durait qu'un an. Ils avaient le droit et étaient chargés du soin d'assembler le Sénat : ils en étaient les présidents et les chefs. Leur autorité n'était pas renfermée dans la ville ni bornée aux seules affaires civiles; on les chargeait des affaires de la guerre et on leur confiait le commandement des armées. Au sortir de la dignité de suffètes, on les nommait préteurs, charge considérable qui, outre le droit de présidence dans certains jugements, leur donnait celui de proposer et de porter de nouvelles lois et de faire rendre compte, aux receveurs, des deniers publics. (Voir, à l'Appendice, la Notice 24.)

Le Sénat, composé des personnes que leur âge, leur expérience, leur naissance, leurs richesses et surtout leur mérite rendaient respectables, formait le Conseil d'Etat et était comme l'âme de toutes les délibérations publiques. C'était dans le Sénat qu'on traitait les grandes affaires, qu'on lisait les lettres des généraux, qu'on recevait les plaintes des provinces, qu'on donnait audience aux ambassadeurs, qu'on décidait de la paix ou de la guerre.

Le rôle du peuple consistait à intervenir lorsqu'il y avait partage de voix; dans ce cas, les affaires étaient soumises à son arbitrage et, alors, le pouvoir de décider lui était dévolu.

Aristote, qui est un admirateur du gouvernement de Carthage et qui en fait d'ailleurs un magnifique éloge, dit (liv. II, *De Respublica*, 6-11) que jusqu'à son temps, c'est-à-dire depuis plus de cinq cents ans, le peuple se reposait volontiers sur le Sénat du soin des affaires publiques; mais il n'en fut plus ainsi dans la suite. Le peuple, devenu insolent par ses richesses et par ses conquêtes, voulut se mêler du gouvernement et s'arrogea presque tout le pouvoir. Sous l'influence délétère des intrigues tramées par les factions et les cabales, tout dégénéra ou en abus de la liberté par des séditions du côté du peuple, comme à Athènes et dans toutes les Républiques grecques, ou en oppression de la liberté du côté des grands par la tyrannie comme à Rome du temps de Sylla et de César, de sorte qu'il en résulta bientôt la ruine de l'Etat. (1)

Le Tribunal des Cent se composait de cent quatre personnes qui décidaient presque despotiquement. Le pouvoir exorbitant de la famille de Magon, dont les membres occupaient les premières places ainsi que la tête des armées, se rendant par là maîtres de toutes les affaires, donna lieu à l'établissement de ce Tribunal pour balancer son pouvoir et donner des bornes à une autorité qui n'en connaissait aucune. Dès lors, la nécessité qu'on imposa aux généraux de rendre compte de leur administration à ces juges, au retour de leurs campagnes, rendit leur autorité soumise aux lois. Cinq parmi ces cent quatre juges avaient une juridiction particulière et supérieure à celle des autres. Ce Conseil des Cinq était comme le Conseil des Dix dans le Sénat de Venise. Lorsqu'une place y était vacante, eux seuls avaient le droit de la remplir, de même qu'ils avaient aussi celui de choisir ceux qui entraient dans le Conseil des Cent. Aucune rétribution ni aucune récompense n'étaient attachées à leur fonction, le motif seul du bien public devant être assez fort dans l'esprit des gens de bien pour les engager à remplir leur devoir avec zèle et fidélité.

Mais cette institution subit le sort des plus sages et des mieux concertées : elle fit bientôt place à la licence et au désordre. Ces juges devinrent autant de petits tyrans. Pendant sa préture, Annibal réduisit l'autorité de ces juges qui, de

---

(1) Si l'on ne porte rapidement remède au mode de consultation national, nous craignons bien qu'on ne marche vers ce triste résultat. Il ne faut pas nous dissimuler, en effet, que nous sommes loin, nous-mêmes, d'avoir trouvé la formule exacte de l'organisation définitive de la République. Le problème nous paraît bien difficile à résoudre, étant donné ce qu'il y a d'irréductible dans les termes disparates et sans fin dont se compose l'équation. Avant de dégager cette formule, nous devons nous attendre à errer encore longtemps dans l'incohérence et les tentatives infructueuses.

perpétuelle qu'elle était depuis la fondation du Tribunal des Cent, c'est-à-dire depuis deux cents ans, la rendit annuelle.

Aristote signale, toutefois, deux grands défauts dans le gouvernement de Carthage. Le premier consistait, selon cet historien, en ce que l'on mettait sur la tête d'un même homme plusieurs charges, « ce qui, dit-il, était très préjudiciable au bien public ; un même pilote ne conduit pas deux vaisseaux ». Le second défaut, « c'est que, pour parvenir aux premiers postes, il fallait réunir, au mérite, la naissance et les richesse, ce qui en rendit impossible l'accès aux gens de bien ».

VIII. **Religion des Carthaginois**

Il y avait chez les Carthaginois deux divinités particulièrement adorées : 1° URANIE, la déesse céleste ou la Lune, dont on implorait le secours dans les grandes calamités, surtout dans les sécheresses, pour obtenir de la pluie ; 2° SATURNE, connu sous le nom de MOLOCH dans l'Ecriture, et à qui on offrait des victimes humaines.

Le culte de Saturne avait passé de Tyr à Carthage. C'était une coutume à Tyr que, dans les grandes calamités, les rois immolassent leurs fils pour apaiser la colère des dieux ; c'est ainsi que « l'un d'eux, qui avait accompli cet horrible sacrifice, fut depuis honoré comme un dieu, sous le nom de la constellation appelée Saturne ; d'où, sans doute, la fable qui dit que Saturne avait dévoré ses enfants » (passage de Fanchoniat, cité par Philon). Mais il va sans dire que les particuliers n'étaient pas moins superstitieux que leurs princes et que, par suite, ils en usaient de même pour conjurer quelque grand malheur. Cette coutume se conserva longtemps chez les Phéniciens et les Chananéens, de qui les Israélites l'empruntèrent. On brûlait inhumainement ces enfants, soit en les jetant au milieu d'un brasier ardent, tels qu'étaient ceux de la vallée d'Ennon, dont il est si souvent parlé dans l'Ecriture, soit en les enfermant dans une statue enflammée de Saturne.

Pour étouffer les cris de ces malheureuses victimes (Plutarque, *De Superst.*, p. 171), on faisait retentir pendant cette barbare cérémonie le bruit des tambours et des trompettes. Les mères se faisaient un honneur et un point de religion d'assister à ce cruel spectacle, l'œil sec et sans pousser un seul gémissement, et s'il leur échappait quelque larme ou quelque soupir, elles en auguraient que le sacrifice en était moins agréable à la divinité.

Mais là ne se bornait pas le nombre de leurs divinités. Rien ne saurait mieux donner au lecteur quelque idée de la théologie des Carthaginois que le traité de paix passé entre Philippe, fils de Démétrius, roi de Macédoine, et les Carthaginois, et que rapporte Polybe (liv. VII, p. 502) : « Ce traité a été conclu en présence de Jupiter, de Junon et d'Apollon, en présence du démon et du génie des Carthaginois, d'Hercule et d'Iolaos ; en présence de Mars, de Triton, de Neptune ; en présence des dieux qui accompagnent l'armée des Carthaginois, et du Soleil, de la Lune et de la Terre ; en présence des rivières, des prairies et des eaux ; en présence de tous les dieux qui possèdent Carthage ».

On voit par là combien ils étaient persuadés que les dieux assistaient et présidaient aux actions humaines et surtout aux traités solennels qui se faisaient en leur nom, sous leurs yeux et en leur présence : ce qui ne les empêchait point de manquer plus qu'aucun autre peuple à leurs engagements et à leurs serments.

Les Carthaginois suspendirent pendant quelques années la coutume barbare d'offrir à leurs dieux des victimes humaines, pour ne pas s'attirer la colère de Darius, successeur de Cambyse, roi de Perse, qui la leur fit défendre.

C'est ainsi qu'à la suite d'une victoire considérable qu'il remporta contre eux en Sicile, Gilon lui-même, roi de Syracuse, à l'exemple de Darius, leur interdit formellement, dans l'une des conditions de paix qu'il leur imposa, d'immoler des victimes humaines à Saturne. Mais, dit Plutarque, ils revinrent bientôt à leur génie. Hérodote (1) rapporte (liv. VII, chap. 167) que pendant tout le combat, qui dura depuis le matin jusqu'au soir, Amilcar, fils d'Hannon, leur général, ne cessa point de sacrifier aux dieux des hommes tout vivants et en grand nombre, en les faisant jeter dans un bûcher ardent, et, voyant que ses troupes étaient mises en fuite et en déroute, il s'y précipita lui-même pour ne pas survivre à la honte, croyant ainsi éteindre par son propre sang ce feu sacrilège qu'il voyait ne lui avoir servi de rien.

Diodore de Sicile rapporte de son côté (liv. II, p. 756) un exemple de cruauté qui fait frémir. Dans le temps qu'Agatocle prenait toutes ses dispositions pour mettre le siège devant Carthage, les habitants de cette ville, se voyant réduits à la dernière extrémité, imputèrent leur malheur à la juste colère de Saturne contre eux, parce qu'au lieu des enfants de la première qualité qu'on avait coutume de lui sacrifier on avait mis frauduleusement à leur place des enfants d'esclaves et d'étrangers. Pour réparer cette faute, ils immolèrent à Saturne deux cents enfants des meilleures maisons de Carthage, et en outre, plus de trois cents citoyens qui, se sentant coupables de ce prétendu crime, s'offrirent volontairement en sacrifice. Diodore ajoute qu'il y avait une statue de Saturne dont les mains étaient penchées vers la terre, de telle sorte que l'enfant qu'on posait sur ces mains tombait aussitôt dans une ouverture et une fournaise pleine de feu.

IX. Origine du culte de Saturne

Ce culte barbare introduit à Carthage par les Tyriens avait été institué, croit-on, par les Mages de la Perse et de Babylone; puis, étant donné l'état de barbarie, d'ignorance et de

---

(1) Ce fameux historien est né à Halicarnasse, en Carie. Il avait cinquante-trois ans lorsque Artaxerxès *Longue-Main* commença la guerre du Péloponèse, *en 431*, la quarante-deuxième année de son règne et quatre ans avant la descente de Xerxès dans la Grèce, vers la première année de l'Olympia de 87, guerre qui devait durer vingt-sept ans.

superstition dans lequel les peuples étaient alors plongés,
s'était bientôt répandu, non seulement dans plusieurs provinces de l'Asie, mais encore dans différentes contrées du
globe.

A l'origine, l'institution religieuse des Mages revêtait un
caractère sacré, éminemment moral et des plus respectables.
Elle avait pris, en effet, pour symbole du culte le Feu *(igni)*,
personnification du Soleil, que les Mages représentaient à
l'esprit du peuple comme l'émanation, l'essence du dieu suprême. Le feu constituait donc le *principe sacré*, dont ils
avaient la garde et qu'ils prétendaient être descendu du ciel.

Suivant Pline, Zoroastre avait été le chef et l'inventeur de
cette secte des Mages vers l'an 1100 av. J.-C. Les Perses n'é-
rigeaient alors ni statues, ni temples, ni autels à leurs dieux,
et offraient leurs sacrifices en plein air et presque toujours
sur une montagne ou quelque éminence. Ils estimaient, non
sans quelque logique, que c'était faire injure à la divinité
que de la renfermer dans une enceinte de murailles, elle dont
l'univers entier doit être considéré comme la maison et le
temple. « Il est indéniable, dit Camille Flammarion, que,
malgré ses avantages, la civilisation moderne, par ses con-
ventions et ses mensonges, nous éloigne de plus en plus de la
simplicité de la nature. »

X. Puissance, orgueil et abus d'autorité des Mages

Dépositaires de toutes les cérémonies du culte, seuls ins-
truits des dogmes de la religion et des maximes du gouvernement, les Mages avaient acquis un tel crédit dans l'esprit des
peuples et des rois mêmes, qu'ils s'arrogèrent bientôt un pouvoir despotique et souverain, et que ces derniers durent se
soumettre entièrement à leur autorité, à telles enseignes
qu'ils ne pouvaient ni offrir aucun sacrifice sans leur minis-
tère ni prendre aucune décision concernant les affaires de
l'Etat sans que préalablement ils les eussent consultés. Mais

les hommes ne sont pas des dieux, et aucun, quels que soient sa valeur intellectuelle et ses mérites, ne saurait se flatter de pouvoir résister, en toute occurrence, aux sollicitations des passions de toute nature dont notre pauvre humanité est affligée. Tant de puissance sans frein ni contrôle devait fatalement avoir pour résultat la folie des grandeurs, la corruption des consciences, les abus et les licences de toutes sortes. Aussi le culte dégénéra-t-il rapidement, entre leurs mains impures et toujours plus avides, en pratiques profanes et criminelles. (1)

C'est vraisemblablement dans ces circonstances qu'ils instituèrent les sacrifices humains.

XI. Conspiration des Mages
Usurpation du pouvoir par le Mage Smerdis

L'expédition de Cambyse en Egypte fut pour les Mages une excellente occasion de mettre à exécution les desseins secrets de leur ambition démesurée : Patisithe, l'un de leurs chefs, ayant été chargé par ce prince, avant son départ, de l'intendance de l'Etat, ils profitèrent de sa longue absence pour tramer leur complot et usurper le pouvoir, en mettant sur le trône le Mage Smerdis, frère de Patisithe, dont la ressemblance avec Smerdis, (2) frère de Cambyse et fils de Cyrus, était frappante. Mais comme Cambyse avait tué Smerdis, son frère, l'imposture fut vite dévoilée : l'usurpateur fut tué dans son palais même par Darius, et tous ses sectateurs furent massacrés.

XII. Réforme de la religion des Mages

Ce fut à cette époque qu'un autre Zoroastre (toujours d'après Pline) réforma la religion des Mages. Il lui donna pour base le dogme fondamental suivant :

(1) Voir, à l'Appendice, la Notice 11.
(2) *Smerdis* suivant Hérodote; *Merdis* suivant Justin.

« Il existe un Dieu, Etre souverain, indépendant et qui existe par lui-même de toute éternité, sous lequel il y a deux Principes suprêmes : l'un, auteur du bien, la *Lumière*, et l'autre, auteur du mal, les *Ténèbres*. »

Tout ce qui existe dans l'Univers, d'après ce dogme, avait été formé du mélange de ces deux principes, et comme, par leur nature même, ils avaient des tendances diamétralement opposées, ils étaient continuellement en guerre l'un contre l'autre, et ce conflit devait durer jusqu'à la fin du monde. Mais, après la résurrection, chacun devait recevoir de Dieu, Souverain Juge, la juste rétribution de ses œuvres et, par suite, le Principe du mal et ses disciples devaient être relégués dans un lieu où ils souffriraient les peines dues à leurs crimes dans une obscurité éternelle, et le Principe du bien et ses apôtres aller dans un lieu où ils recevraient la récompense de leurs bonnes actions dans une lumière éternelle, de telle sorte que la *Lumière* et les *Ténèbres* ne seraient plus mêlées et confondues ensemble.

Nous ajouterons que les restes de cette secte subsistent toujours dans la Perse et dans les Indes, et qu'ils retiennent encore aujourd'hui, sans aucune variation, ces maximes édictées depuis tant de siècles.

Il faut avouer, ma foi, que cette religion, très simple, était fort bien imaginée et s'adaptait assez bien à l'état de civilisation de l'époque.

XIII. Le culte des sacrifices humains chez les nations policées

Pour en revenir à Carthage et à sa barbare coutume des sacrifices humains, qui ne cessa qu'avec sa ruine, disons qu'on a peine à concevoir aujourd'hui que des sentiments si dénaturés aient été adoptés par des nations entières, dont quelques-unes très policées, sentiments qui ont été consacrés par une pratique constante de plusieurs siècles. Il est dit, en effet, dans *l'Iliade*, d'Homère, qu'au début de l'expédition des Grecs contre Troie, Agamemnon, roi d'Argos et de Mycènes, dont la flotte était retenue dans le port d'Aulis par les vents contraires, avait consenti, sur le conseil de Calchas, à sacrifier sa fille Iphygénie (1) à Diane, afin d'obtenir la protection des dieux.

César rapporte, de son côté, qu'à l'époque même où il fit la conquête de la Gaule (58-50 av. J.-C.), cette même coutume faisait également partie du culte public exercé par les Druides, dont le siège principal était le pays des Carnutes (Chartres, Eure-et-Loire), et qui étaient en Occident à peu près ce que les Mages étaient en Orient. « Selon le rite de l'immolation, ils enfonçaient l'épée dans le dos de celui qu'ils avaient voué à la colère des dieux, et, par les palpitations des mourants, ils prétendaient deviner et prédire l'avenir; ou ils en perçaient d'autres à coups de flèches, ou les mettaient en croix. Mais leur façon solennelle était de dresser des cages en osier dans lesquelles ils enfermaient des hommes vivants avec des bestiaux et des animaux sauvages. »

XIV. Le culte des sacrifices humains flétri par Plutarque

Combien nous admirons aujourd'hui les auteurs païens qui flétrissent ces cultes sacrilèges! C'est ainsi que Plutarque a pu s'écrier, à propos des sacrifices humains des Carthaginois :

« Est-ce là adorer les dieux ! Est-ce donc là avoir une idée qui leur fasse beaucoup d'honneur que de les supposer avides de carnage, altérés de sang humain et capables d'exiger et d'agréer de telles victimes ! Ne valait-il pas mieux, ajoute cet auteur sensé, que Carthage, dès le commencement, prît pour législateur un Critias, un Diagoras, athées reconnus et se donnant pour tels, que d'adopter une si étrange et si perverse religion ! » (*De la superstition*, p. 169 et 171.)

(1) Lire *Iphygénie*, tragédie de Voltaire.

Pierre Bayle, le célèbre écrivain français du XVIIe siècle, était également d'avis *(Pensées sur la Comète)* qu'un peuple sans religion, un peuple d'athées (1) ne serait ni plus dépravé, ni plus immoral que tout autre peuple.

Il va sans dire que ces auteurs n'en reconnaissaient pas moins la nécessité d'ériger en principes, comme base fondamentale de toute société humaine, des lois morales précises, de nature à inculquer, dès l'enfance, dans le cœur des hommes, l'amour du bien et de la justice et, enfin, à inciter ces derniers à la pratique de la vertu.

XV. Carthage au pouvoir des Romains

On sait que Carthage fut prise par Scipion Emilien en l'an 146 av. J.-C. Ruinée de fond en comble, elle fut l'objet de la part des Romains des plus terribles imprécations. Ils vouèrent même à toutes les malédictions ceux d'entre eux qui habiteraient la place où avait été Carthage ou qui entreprendraient d'y bâtir quelque chose, et principalement à Byrsa et Megara (Sidi-bou-Saïd). Ils exceptaient apparemment le port, comme pouvant leur être utile. Au reste, on n'en défendait l'entrée à personne. Scipion n'était pas fâché qu'on vît les tristes débris d'une ville qui avait osé disputer de l'empire avec Rome.

Ils arrêtèrent donc que les villes qui, dans cette guerre, avaient soutenu le parti des ennemis seraient toutes rasées, et ils en donnèrent le territoire aux alliés du peuple romain. Ils gratifièrent, en particulier, ceux d'Utique de tout le pays compris entre Carthage et Hippone, et ils en firent une province de l'Empire romain où, tous les ans, un préteur devait être envoyé. C'est ce qui fut appelé la *Province d'Afrique.*

Malgré les précautions prises pour empêcher qu'on songeât jamais à rebâtir Carthage, moins de trente ans après,

______

(1) Voir, à l'Appendice, la Notice 12.

le beau-frère même de Scipion Emilien, Caïus Gracchus, y conduisit une colonie composée de six mille citoyens, et César et Auguste l'agrandirent. Dès l'occupation romaine, de nombreuses voies sillonnèrent le pays en tous sens, soit en pénétrant dans l'intérieur, soit en suivant le littoral. Carthage fut relié à *Hippo Regius* (Hippone), à *Theveste* (Tébessa), *Cirta* (Constantine), *Russicada* (Philippeville), *Calama* (Guelma). On releva les ruines des cités indigènes, pour ainsi dire encore fumantes, et on les repeupla de vétérans. De toutes parts, les sources furent captées, les terrains irrigués; de vastes établissements de bains : *Hammam-Meskhoutine* (voir Notice 9), *Hammam-Zaïd*, situé à 17 kilom. de Souk-Ahras, la source la plus sulfureuse qui existe au monde, 38°; *Hammam-Rira*, province d'Alger; *Korbous* (voir Notice 5), furent aménagés, et enfin des monuments, églises, temples, amphithéâtres, dont les vestiges nous disent encore la magnificence, furent édifiés dans les cités les plus importantes; telles furent Timgad, Bulla Regia, Dougga, Oudna, Sousse, El-Djem, Sicca (Le Kef), etc. Carthage fut, au IIIe siècle de l'ère chrétienne, la seconde ville de l'Empire romain. Strabon affirme que de son temps Carthage était aussi peuplée qu'aucune autre ville d'Afrique et qu'elle fut toujours, sous les empereurs suivants, la capitale de toute l'Afrique. D'autre part, Tite-Live assure que Carthage, qui devait avoir, sous les Carthaginois, cinq à six lieues de tour, ne mesurait pas moins de 23.000 pas de son temps, soit $23.000 \times 1{,}473 : 2 = 16$ kilom. 940 m., étant donné que le double pas était de 1^m473.

L'Afrique Romaine fut divisée en quatre districts ou diocèses qui furent autant de provinces distinctes ou gouvernements particuliers. Ces nouvelles divisions correspondaient d'ailleurs à des divisions anciennes, antérieures à l'occupation romaine. Ces districts étaient : 1° les deux Syrtes; 2° la Bizacène ou Byzacium; (1) 3° la Zeugitane; 4° la Numidie.

---

(1) Pays nommé, dans Polybe et dans Tite-Live, *Emporia*.

XVI. **Carthage sous les Vandales**

Carthage subsista encore avec éclat, après que Scipion l'eut détruite, pendant environ sept cents ans. Mais, par un jeu bizarre de la fortune, les Carthaginois, sous les ordres du Vandale Genséric, s'en emparèrent de nouveau le 19 octobre 439. (1)

Ce grand conquérant en fit le siège de son empire. En 455, il s'empara également de Rome, malgré les supplications du pape saint Léon, et la livra au pillage.

XVII. **Persécution des évêques par les successeurs de Genséric**

Trasamund, quatrième roi de sa dynastie, persécuta et mit à mort tous les évêques qui ne voulaient pas embrasser l'Arianisme. (2) Sur cinq cent soixante-huit évêques relégués dans l'île de Sardaigne, quatre cent quatre-vingts et plus demeurèrent fidèles au Christianisme. Parmi ces illustres proscrits se trouvait au premier rang *Quodvultdeus*, évêque de Carthage, et Eugène, également de Carthage, lequel, après avoir supporté en Afrique même les traitements les plus barbares, mourut dans les Gaules, près d'Albi (Tarn), et Fulgence, évêque de Ruspina (Monastir) deux fois exilé aussi.

Mais les Vandales eux-mêmes eurent bientôt à lutter contre les Berbères, qu'ils avaient soustraits au joug des Romains. Grisé d'orgueil par ses victoires sur les Maures, Gélimer, frère d'Hildéric, dernier roi de la dynastie, poussa à la révolte les Berbères, qu'il savait jaloux de leur indépendance, détrôna Hildéric et le fit enfermer dans un cloître.

D'autant plus indigné d'une telle conduite qu'il était l'ami

(1) La prise d'Hippone avait eu lieu en 430 (Voir, à l'Appendice, la Notice 10).

(2) Voir, au bas de la dernière page du Poème, la Notice sur Arius.

d'Hildéric, Justinien Ier, (1) empereur d'Orient, déclara la
guerre à Gélimer et investit Bélisaire (2) du commandement
supérieur de l'armée byzantine. Pour que sa victoire ne pût
lui échapper, le premier soin de Gélimer, en la circonstance,
fut de faire égorger Hildéric; puis, ayant rassemblé ses
troupes à Bulla Regia, (3) il appela à son aide son frère Tzazon, alors en guerre en Sardaigne; mais il ne put arrêter la
marche de Bélisaire, qui, dans sa dernière victoire à *Trica-
méron* (à 20 kilomètres de Carthage), mit fin à la dynastie des
rois vandales (13 décembre 533). Tzazon se donnait la mort
pour ne pas survivre à sa défaite, et Gélimer, qui s'était en-
fermé dans la ville de *Medeos* (Hammam-N'caïls — Nador,
Algérie) jusqu'en 534, c'est-à-dire durant quatre mois, avait
dû, menacé par la famine, suivre à Constantinople Bélisaire,
son vainqueur, dont il orna le triomphe.

Les Romains, de nouveau, avaient reconquis le pays; mais
leur règne, cette fois, devait être éphémère. A partir de cette
époque, de toutes parts, en effet, des insurrections se succédèrent pour ainsi dire sans solution de continuité, tant dans
le Sahel tunisien que dans l'Aurès et du côté du Hodna. Le
patrice Grégoire, qui avait succédé au préfet Guenadius, fut
l'instrument de la défaite définitive des Romains. Il secoua
le joug de Byzance (648) et s'empara de Sufetula (Sbeïtla),
dont il fit le siège de sa royauté. Mais à ce moment, l'Empire
de Mahomet, établi sur des bases solides, s'étendait avec une
rapidité prodigieuse. En moins de vingt ans, les successeurs
du Prophète avaient subjugué la Syrie, une partie de la
Perse et toute l'Egypte. Amrou ben Hassan, qui avait conquis ce dernier pays (640), en fut nommé gouverneur et, en

(1) Justinien était fils d'Hunéric et d'Eudoxie, fille de l'empereur
Valentinien III, empereur romain d'Occident (425-455).

(2) Bélisaire débarqua à Caput-Vada (Ras-Kaboudia), le 22 sep-
tembre 533.

(3) Ce sont les ruines de cette ville romaine que le Dr Carton,
correspondant de l'Institut, vient de déblayer après de laborieuses
et fécondes fouilles antérieures.

647, l'émir Abdallah ben Saad, frère utérin d'Amrou et son successeur, pénétra, sous le khalifat d'Otsman, (1) dans la Berbérie orientale, après avoir traversé la Cyrénaïque et la Byzacène avec une armée de 20.000 Arabes. Plutôt disposés à voir dans ces conquérants, après dix ans d'oppression romaine, des sauveurs que des ennemis, les Berbères, par une sorte d'accord tacite, n'opposèrent alors qu'une faible résistance.

En vain, Grégoire tenta de leur tenir tête, près de Sbeïtla; sa cavalerie berbère fut complètement culbutée et ses cohortes romaines et grecques battues dans toutes les rencontres.

XVIII. **L'Afrique tombe au pouvoir des Arabes**

En 665, le territoire, entièrement conquis, était organisé en provinces arabes, et Okba ibn Nafé (2) en était nommé gouverneur.

Carthage, enfin, était détruite de fond en comble par les Sarrazins vers la fin du VIIe siècle.

(1) Suivant l'historien Guignes, cela se passait sous le khalifat d'Omar (*Histoire des Huns*, t. I. liv. VI).

(2) Voir, à l'Appendice, la Notice 7, sur Kairouan.

CARTHAGO

POÈME

I

UNE VISITE A CARTHAGE

A travers les Ruines

Près de Tunis la Blanche, et dans son golfe immense,
Sur un sol qu'arrosa le sang de tant de preux,
Carthage, (1) au versant sud d'une large éminence,
A laissé, çà et là, des vestiges nombreux.

Maintes fois, en ces lieux, penché sur les décombres,
J'ai reconstitué cette Reine des Eaux,
Evoqué des héros fameux les grandes ombres
Qui me semblaient errer autour de leurs tombeaux.

Evocation

« Oh ! disais-je en foulant ce sol, ces mosaïques
Et ces bétons à peine encor désagrégés,
Parlez-moi du passé, des combats héroïques,
Par les monts, sur les flots, dans ces murs assiégés.
Qu'étaient ces chapiteaux arrachés à l'ornière ?
Ces arceaux où de jour vient nicher le hibou ?
Des siècles écoulés, secouez la poussière,
Des portes de l'oubli, brisez-moi le verrou. »

(1) Se reporter à la préface.

II

RESURREXIT CARTHAGO

Avant et pendant la guerre des Mercenaires (241-239)

Physionomie générale

Et Carthage surgit des plages azurées,
Dans un panorama grandiose et riant,
Où des temples, des tours, les coupoles dorées
S'embrasaient sous les feux du soleil d'Orient.
Les portes de Malqua, de Khamon, de Thagaste
S'ouvrent à deux battants, montrant de toutes parts
Des esclaves mêlés aux gens de toute caste,
Voilés ou découverts, ou barbouillés de fards ;
Foule étrange, d'aspect des plus hétéroclites,
Aux discours véhéments, aux gestes éperdus :
C'était un flot d'Indiens, de blancs, de Troglodites, (1)
De mulâtres, de noirs aux sexes ambigus,
Où le sobre Auséen, (2) mangeur de sauterelles,
Coudoyait le Gysante (3) enduit de vermillon,
Pour le palais duquel un singe aux membres grêles
Constituait un mets de haute venaison ;
Où le profil d'un homme à l'œil vague de bête
Çà et là surgissait, avec un rire idiot,   .
Suant la syphilis des pieds jusqu'à la tête,
Repoussant de hideur, cachectique et vieillot ;
Des vieillards décharnés, se traînant avec peine,
Semblaient à bout de force, en marchant perdre haleine,
Des groupements humains, lamentables débris
Auxquels la République ingrate avait tout pris,

(1) Les Troglodites étaient les habitants de l'Egypte et de la côte occidentale
de la mer Rouge.
(2) et (3) *Salammbô*, Gustave Flaubert.

« Et dont les noirs lambeaux, tout souillés de vermines,
Retenus par les mains, laissaient voir les poitrines,
Les côtes qui saillaient sur leurs flancs amaigris ;
Seuls, les contours des seins, depuis longtemps taris,
Me faisaient reconnaître, à leurs ondes ridées,
Les mères sans enfants aux mamelles vidées. » (1)

Puis c'était à Malqua, des gens de la marine
Mêlés aux teinturiers, les confuses rumeurs ,
Lorsque sur les remparts, venant de la colline,
Des Barbares passaient, les hostiles clameurs.
De l'Acropole, à l'est, par les étroites rues
A la pente rapide, l'œil plongeait sur les flots,
Dont le miroir semblait refléter dans les nues
Byrsa dans un fouillis de maisons sur îlots ;
Spectacle ravissant, vrai tableau de féeries,
Où colonnes, voussoirs et chapiteaux d'airain,
Architraves semblaient venir de cent patries
D'étrangers épris là du beau ciel africain.

Passons, voici la nuit. En des flots d'harmonie
S'envole, de son luth, l'âme de Salammbô,
Conjurant Rabetna d'insuffler le génie
A son père Amilcar pour qu'il vainque Mathô, (2)
Tandis que sur les tours et sur les obélisques,
Les globes de vermeil et verres de couleurs,
Sous le ciel étoilé, sous les phares des disques,
Comme des diamants ruissellent de lueurs,
Et qu'aux abords d'Eschmoun, au haut de l'Acropole,
S'abandonnant sans trêve aux baisers des zéphirs,
Les cyprès balancés par les souffles du môle,
En des spasmes sans fin confondent leurs soupirs.

(1) Lamartine
(2) Voir, à l'Appendice, la Notice 13.

Invocation de Salammbô

Ah ! je la vois encor, debout sur la terrasse
Du palais dont, à peine, on retrouve la trace ;
Sous ses longs cheveux noirs, dominant Mégara, (1)
La taille svelte, avec sa lyre, écoutez-la :

O Baalet, ô Tanit, Astarté,
Sources de la lumière
Où gît la vérité,
O grand Moloch que Carthage vénère,

Et dont l'autel atteste le tribut,
Vous qui, de l'Empyrée
De notre destinée,
Dictez l'arrêt, ô dieux puissants, salut !

Puissent les sons frémissants de ma lyre,
Dans le ciel radieux,
Près du flot qui soupire,
Avec ma voix, monter jusques aux cieux !

Puisse la brise amère de la plage,
Et par monts et par vaux,
Comme un triste présage,
Jusqu'à mon père en porter les échos !

Ah ! puisse-t-il, en son juste courroux,
Vainquant l'armée impie
Du chef aux cheveux roux,
L'anéantir par un trait de génie !

Que les cœurs purs qui par moi vous implorent,
O dieux ! soient entendus ;
Que ceux qui vous ignorent
Soient à jamais détruits et confondus !

(1) Aujourd'hui Sidi-bou-Saïd.

Des Mappales (1) suivant le chemin près des tombes
Qui s'étend de la mer au seuil des catacombes,
Du quartier Mégara, j'admire les maisons,
Les jardins aux fruits d'or, les éternels gazons ;
Je franchis la falaise où se dresse le phare,
Et, dominant, la nuit, la ville et les villas,
Sur les flots endormis, où mon rêve s'égare,
Je poursuis de ses feux les scintillants éclats.

Du temple de Moloch, (2) tout au bas des citernes,
A l'ombre des maisons des riches commerçants,
Je descends sur la grève à travers les poternes,
Par d'infinis détours en des couloirs glissants.

Les Entrepôts

Voici les entrepôts sans nombre des suffètes,
Recélant les produits de cent pays divers,
Qui, méthodiquement entassés jusqu'aux faîtes,
Semblent pour l'avenir défier tous revers ;
De butins amassés, Carthage est sans égale,
Et c'est bien vainement déjà qu'à ses fourmis
Eût demandé secours la charmante cigale ;
Les arts chez cette gent comptent fort peu d'amis ;
Ses élus, à l'humeur rien moins que bucolique,
Par le fer et la croix arrachaient les impôts,
Et tous les gouverneurs de cette République
Des plus affreux tyrans n'étaient que les suppôts.
Sous ces chefs exécrés, des régiments d'esclaves,
Semblables au bétail piqué par l'aiguillon,
Gémissaient sous le joug affreux de leurs entraves,
Muselés et rongeant le mors ou le bâillon ;

(1) *Salammbô.*
'2) **Se reporter à la préface, ch. VI.**

Et tandis qu'aux moulins ruisselaient les farines
De grains de blé, d'avoine et de maïs broyés,
Des cris aigus parfois s'exhalaient des poitrines
De tous ces malheureux aux corps tuméfiés. (1)
« Aux membres déchirés par d'horribles supplices,
Les yeux reconnaissaient les ignobles services ;
L'habitude pliait leurs têtes et leurs cous,
Et leurs nuques gardaient les traces de leurs jougs.
Maints autres malheureux, privés de la lumière,
De la mine traîtresse arrachaient la matière,
Et, courbés sous la voûte, étreints par les piliers,
Dans les éboulements périssaient par milliers ; (2)
Bien des membres manquaient à ces bêtes de somme ;
Leurs corps n'étaient souvent que la moitié d'un homme.
Ceux-là, dressés par l'art, travaillaient les métaux ;
Ils ciselaient le bronze, ils taillaient les cristaux
Et forgeaient en acier le glaive sur l'enclume ;
Ils tissaient en duvets ou la soie ou la plume,
Insufflaient dans l'airain des vents mélodieux
Pour enivrer de sons les oreilles des dieux ;
Appliquaient au pinceau, sur les murailles peintes,
Pour leurs yeux enchantés, de merveilleuses teintes ;
Ils donnaient, sous l'effort de leurs habiles mains,
Au marbre le visage et les contours humains ;
Pétrissaient des saveurs pour leurs palais superbes
Ou parfumaient les vents de la senteur des herbes,
Et, pour tout leur offrir, de l'hysope à l'encens,
Inventaient autant d'arts que le corps a de sens. » (3)

(1) *Salammbô.*

(2) Malheureusement, ce n'est point là une fiction ; ces choses n'ont pas changé : qui ne se rappelle, en effet, la catastrophe de Courrières (1906), et toutes celles de même nature signalées chaque jour par la presse des deux mondes ?

(3) *La Chute d'un Ange,* Lamartine.

Au sous-sol s'entassaient les trésors de Colchide,
Bérils aux trois rubis et le saphir vermeil ;
Les sandastrum tirés de la zone torride,
Dont les éclairs semblaient des rayons de soleil ;
Jarres d'où s'échappaient les odeurs pénétrantes
Des baumes onctueux au pouvoir souverain,
Dont, pour atténuer les vapeurs enivrantes,
Le styrax grésillait sur des trépieds d'airain ;
Vases de forme étrange où cuvait la teinture,
D'où ruisselait, fumant comme des flots de sang,
De la pourpre de Tyr (1) la royale mixture,
De nos jours l'apanage encore du tyran.

Les Achéens, les Grecs du pays de l'Attique,
Plus habiles dans l'art de la construction,
D'Archimède appliquaient les lois de balistique,
Sans le moindre calcul et nulle équation ;
Fabriquaient nuit et jour les vaisseaux, les trirèmes,
Les cordages d'alfa, les voiles et les mâts
Qui, voguant de Scythie aux blonds pays bohêmes,
Dans les fleuves du Nord affrontaient les frimas ;
Construisaient en secret tous les engins de guerre :
Cuirasses, javelots, catapultes, béliers ;
Sur l'enclume, il me semble entendre encor sous terre
Les marteaux retentir au fond des ateliers.
Mais on ne trouvait plus, en cette créature,
Le chef-d'œuvre de Dieu, ce roi de la nature :
Déformés par le joug, ces êtres abrutis
En outils animés étaient tous convertis.

(1) La pourpre d'Hermione, ville d'Argolide, était, paraît-il, encore plus précieuse. Après la fameuse bataille d'Arbelle (oct. 331 av. J.-C.), qu'Alexandre gagna sur Darius, ce grand conquérant trouva dans les villes d'Arbelle, de Babylone, de Suse et de Persépolis, dont il se rendit maître, des richesses immenses et, entre autres choses, dans Suse. 5.000 quintaux de poudre d'Hermione, qu'on y avait amassée pendant l'espace de cent cinquante ans et qui conservait encore toute sa fleur et tout son lustre. Cette pourpre se vendait cent écus la livre. 5.000 quintaux représentaient donc : $5.000 \times 100 \times 100 = $ cinquante millions d'écus (*Hist. anc.*, t. VII, p. 420, Rollin).

Moloch

Mais qu'entends-je soudain, au pied de la statue
De Moloch ? (1) Quelle horreur ! Là, montent vers ce dieu
Comme des cris d'enfants qu'on égorge et qu'on tue,
Et qui semblent sortir d'un abîme de feu ;
Là, tout autour du monstre, une foule en délire,
Dans l'espoir insensé d'apaiser son courroux,
Applaudit à ces cris dont l'accent me déchire,
Tandis qu'au premier rang, se traînant à genoux,
D'autres enfants en pleurs sont suppliant leurs mères
De ne pas les livrer au dieu dévorateur ;
Mais leurs larmes en vain inondent leurs paupières ;
Ces mères, dont Moloch déracina le cœur,
Détournent leurs regards du fruit de leurs entrailles
Au lien si fragile et pourtant si puissant,
Et, sourdes à leurs voix ainsi que des murailles,
Souriant à ce dieu qui demande du sang,
S'en vont offrir, l'œil sec, à l'affreux minotaure
Enguirlandé de fleurs, leur enfant bien-aimé,
Pauvre innocent aux yeux encore emplis d'aurore
Qui, glissant de ses mains, tombe au gouffre enflammé.

Pour étouffer les cris de ces enfants rébelles
A ce culte assassin qu'un mage imagina, (2)
Les lévites, des dieux interprètes fidèles,
Au son de leurs tambours bramaient maint hosanna !

(1) Se reporter à la préface, ch. VIII.
(2) Se reporter à la préface, ch. IX.

A vol d'oiseau

Sous ces murs (1) dont je suis parfaitement la trace,
Quatre cents éléphants, quatre mille chevaux
Et vingt mille soldats trouvaient aisément place,
Aguerris, toujours prêts à des combats nouveaux.

De Tunis, j'aperçois les marais délétères ; (2)
Plus loin, le vieux Radès au sol aride et sec,
Le sable gris du lac, que les phénicoptères
Aux ailerons sanguins fouillent de leur long bec ;
La montagne d'où jaillit la source des Eaux-Chaudes, (3)
Korbous (4) et le cap Bon (5) aux filons souterrains,
Dont les flots azurés comme des émeraudes
De Kosseïr, (6) sont pleins d'effluves sous-marins ;
A l'ouest, L'Ariana, (7) ses agrestes collines
Que l'olivier moelleux couvre de ses rameaux,
Où les jeunes bergers, dans l'ombre des ravines,
Aux murmures lointains accordent leurs pipeaux.

Je vois, à vol d'oiseau, comme un essaim d'abeilles,
S'échapper du Cothon, (8) ruche au centre du port,
Des milliers de vaisseaux, véritables merveilles,
Qui reviennent chargés sans cesse jusqu'au bord.

(1) Voir préface, ch. II.

(2), (3) et (4) Voir, à l'Appendice, les Notices 5, 6 et 7 sur Tunis, les Eaux-Chaudes et Korbous.

(5) Appelé, sous les anciens, promontoire Herméen.

(6) Au mont Zabara, qui fait partie de la chaîne Arabique, ont été retrouvées les mines d'émeraudes exploitées par les anciens.

(7) L'Ariana est un charmant village situé à sept kilomètres environ de Tunis, entouré de superbes jardins où abondent les arbres fruitiers les plus divers.

(8) Se reporter à la préface, ch. II.

III
DEUXIÈME GUERRE PUNIQUE

Départ d'Annibal pour l'Italie

Grisés de leurs succès sur la terre et sur l'onde,
Les enfants de Didon, de la Reine des Eaux,
S'en vont chantant la gloire aux quatre coins du monde,
Cependant qu'Annibal, des grands peuples rivaux,
Rêve de prendre en main l'universel empire.

Fou d'espoir, il bondit, franchit les Apennins,
Se voit trônant déjà dans Rome en son délire.

Ses Victoires

S'alliant en passant les Gaulois Cisalpins,
Sur les bords du Tessin (1) et ceux de la Trébie, (2)
Il défait Scipion comme Sempronius,
Passe à Turin l'hiver, pénètre en Etrurie
Où, près de Trasimène, (3) il bat Flaminius.

A Cannes, (4) de Varron la légion, cernée
Sur les bords de l'Aufide, est détruite en entier.

Le Sénat tremble, Rome entière est consternée
Aux bruits retentissants d'un tel exploit guerrier ;
Il lui semble déjà voir surgir les cohortes
Farouches d'Annibal, ses temples violés !

On nomme un dictateur ; (5) on fait fermer les portes ;
Partout sur les autels des bœufs sont immolés

(1), (2), (3) et (4) **Voir, à l'Appendice, les Notices n°** 10, 11, 12 et 13..
(5) **Junius Pera (Tite-Live).**

Pour rendre Jupiter et tous les dieux propices ;
Les femmes font des vœux et gardent les maisons ;
De tous les citoyens on forme des milices,
Et pour les augmenter on ouvre les prisons.

Les Échecs d'Annibal

Rome se ressaisit, renaît à l'espérance :
Fabius, Marcellus, Livius et Néron
Promettent d'Annibal la prompte délivrance,
Déjà vengent l'honneur de l'imprudent Varron.

De toutes parts traqué, cerné dans l'Italie,
A Capoue, Annibal prend ses quartiers d'hiver ;
Du Brutium soumis, il fuit dans l'Apulie
Dès son nouvel échec, près de Nole (1) qu'il perd.

Gracchus, (2) à Bénévent, d'Hannon creuse la tombe
Et fait trois généraux prisonniers au combat.
D'autre part, à son tour, Syracuse (3) succombe
Après trois ans de siège au moins, sans résultat :
L'enceinte à tous assauts restait invulnérable,
Grâce au vieil Archimède, (4) à ses engins subtils.

Comprenant que la ruse, au moment favorable,
Seule en viendrait à bout, sans risques ni périls,
Le proconsul, (5) un jour que le peuple est en fête
Et se livre au plaisir avec sécurité,
A ses vieux vétérans, qu'aucun danger n'arrête,
Fait franchir tout à coup les murs de la cité ;

(1) C'était la seconde fois qu'il se faisait battre devant cette ville par Marcellus.
(2) Gracchus, qui commandait une armée d'esclaves, repoussa Annibal à Cumes et battit Hannon à Bénévent.
(3) Voir, à l'Appendice, la Notice 19, sur Syracuse.
(4) Archimède avait alors soixante-quinze ans.
(5) Marcellus.

Nul obstacle... Archimède, absorbé dans l'étude,
D'un problème poursuit la résolution
Et ne s'aperçoit pas que, dans sa solitude,
Un farouche guerrier a fait irruption.

On connaît de sa mort l'histoire légendaire :
N'ayant pu parvenir à s'en faire écouter,
Cette brute trancha sa tête lapidaire
Que Marcellus pourtant entendait respecter.

Capoue (1) enfin, si chère, aux amours si facile,
Fait aux Carthaginois aussi défection ;
Qu'importe ! A Regium, chassé de la Sicile,
Rome reste l'objet de son ambition.

Plus tard, c'est Asdrubal qui perd à la bataille
Du Métaure (2) cinquante-six mille des siens ;
Formidable hécatombe, affreuse représaille
De Cannes, Trasimène et des échecs anciens !

Devant ce coup fatal, Annibal se replie
Jusques au Brutium, qu'il maintient sous sa loi,
Et, toujours indompté, fait trembler l'Italie
Pendant cinq ans encor de terreur et d'effroi.

Mais qu'apprend-il soudain ? Et quel est ce message ?
« Syphax, (3) le roi Numide, à Rome est prisonnier ;
Accours en toute hâte au secours de Carthage,
Qu'entoure Scipion, redoutable guerrier. »

(1), (2) et (3) Voir, à l'Appendice, les Notices n°° 12, 13 et 14.

Son Départ forcé de l'Italie

Forcé de s'éloigner, dans son dépit immense,
Il s'emporte soudain contre les sénateurs ;
Ecumant de colère, aveuglé de démence
Par l'intuition de ses propres malheurs,
Il donne libre cours à sa rage effroyable
Et va faire égorger tous les Italiens
Assemblés dans un temple, (1) alors inviolable,
Qui ne voulaient le suivre aux pays libyens.

Son Retour en Afrique

Il débarque à Leptis, (2) marche sur Hadrumète, (3)
Va camper à Zama, (4) non loin de Scipion ;
Mais, craignant d'essuyer une prompte défaite,
Il change tout à coup de résolution :
Devant les légions à la masse imposante,
Il se dit que pour vaincre il faut temporiser,
De la diplomatie employer la tangente,
Et qu'au lieu de courir il vaut mieux aviser.
Il voit donc Scipion, se fait doux, bon apôtre,
Lui propose la paix et toutes les splendeurs ;
Mais pour l'altier Romain, il n'est pas de gloire autre
Que de battre Annibal, le vainqueur des vainqueurs.

Son Waterloo

Romains, Carthaginois déjà sont en présence, (5)
Annibal a mis, là, quatre-vingts éléphants,
Apporté tout son art, sa vieille expérience,
L'ordre le plus parfait au milieu de ses rangs.

(1) Junon Lacinia (Tite-Live, liv. XXX, p. 518).
(2) Aujourd'hui Lebda.
(3) Sousse.
(4) Djima, à cinq journées de Carthage.
(5) 19 oct. 202 av. J.-C.

C'est en vain : ses Gaulois, Ligures, mercenaires,
Dans un désordre affreux, sont, hélas ! culbutés ;
Sous le fer des Romains, javelots des hastaires, (1)
Vingt mille vétérans tombent ensanglantés.

La lutte fut terrible. Aidés par les Numides
Du roi Masinissa, les Romains sont vainqueurs,
Cependant qu'Annibal, par les plaines humides,
S'enfuyait à Carthage en deuil et tout en pleurs.

Ah ! pour lui qui volait de victoire en victoire
En Espagne, à Capoue, ô doux pays latin,
Quelle déception de voir sombrer sa gloire
A Zama, sa patrie, ironique destin !
Lorsqu'il pouvait si bien, lui, le vainqueur de Canne,
Monter au Capitole, alors, sans coup férir.
Et, par un coup du sort, sans un fil d'Ariane,
Il voyait ses lauriers soudain s'évanouir.

Son âme se remplit d'un désespoir immense.
Allait-il donc survivre à ce désastre affreux ?
« Je vivrai ! conclut-il. Mourir ? jamais ! démence !
Sauvons l'honneur ! Debout ! Sachons mourir en preux ;
Des traîtres démasquons la basse jalousie :
Qui donc a, contre moi, tourné mes éléphants
Que j'ai ramenés sains et saufs de l'Italie ?...
Patience ! et nous serons encore triomphants ! »

Ce fut la paix au prix des plus durs sacrifices ;
Carthage dut livrer au vainqueur ses vaisseaux
Et tous ses éléphants, supprimer ses milices
Et payer cinquante ans un million d'impôts.

(1) Soldats qui portaient une arme d'hast : javelots, pique ou hallebarde ; on
dit hastaires ou hastats.

Sa Fuite et sa Mort

Grâce à l'activité dévorante et féconde
D'Annibal, (1) Carthago sent palpiter son cœur
Et rêve de nouveau la conquête du monde,
Sa rivale expirant sous son talon vengeur !
Mais Rome, à qui déjà ce zèle porte ombrage,
Réclame sans délai la tête du héros,
A l'instigation de Hannon, fou de rage
De se voir détrôné, mis au rang des vassaux.
« Déjouons ses projets et sauvons la patrie ! »
Dit-il ; puis il s'enfuit auprès d'Antiochus,
De là chez Prusias, le roi de Bithinie,
Où vint pour le saisir bientôt Flaminius.

(1) Voir, à l'Appendice, la Notice n° 18.

IV

LITIGE ENTRE CARTHAGE ET MASINISSA

Réclamation de Carthage à Rome
Ambassade de Caton à Carthage

Trente ans se sont passés, et la haine romaine
Survit, vivace encore au cœur du vieux Caton,
Qui n'a pas oublié l'échec de Trasimène ; (1)
Comme arbitre, à Carthage, aussi l'envoya-t-on.
D'avance, évidemment, la cause était jugée.
Ainsi, Carthage osait, après tant de malheurs,
Se montrer florissante et, comme à l'apogée
De son génie actif, comme au temps des splendeurs.
Il en savait assez, partit l'âme meurtrie,
Et dans sa vieille haine, ulcère au fond du cœur,
Qu'exaspérait encor l'amour de la patrie,
Savourant sa vengeance au mépris de l'honneur,
Il alla déclarer, dès son retour à Rome,
Que *les droits se trouvaient avec Masinissa,*
Qui ne revendiquait que son royaume, en somme,
Afin de le léguer à son fils Galussa.

Bataille d'Oroscope — Rupture des Négociations

Carthage marcha donc contre le roi numide,
Qui, bien que fort âgé, (2) dirigea l'action ;
Là, le guerrier d'antan, sur son coursier rapide,
Semblait évoluer à l'instar du lion.

—————

(1) C'est le premier combat auquel ait assisté Caton ; il avait alors dix-sept ans.

(2) Masinissa, âgé de quatre-vingt-huit ans, monté à cru sur un cheval rapide, s'était encore battu comme le plus brave soldat. Scipion Emilien, qui était alors en Afrique, suivit les deux armées et, du haut d'une colline, spectateur désintéressé, vit cent mille barbares s'égorger. Ce Romain se vanta d'avoir goûté là un plaisir digne des dieux. (V. Duruy.)

Ses troupes en tous points restent victorieuses,
Et les Carthaginois, exterminés, sanglants,
Jonchent de toutes parts les plaines spacieuses,
Boucliers à la main, mutilés, pantelants.

Part à deux ! clama Rome après cette victoire,
Assurant les vaincus de sa protection ;
Et Carthage, goûtant ce discours dilatoire,
S'en remettait, hélas ! à sa discrétion.

Mais quand Rome eut prescrit *de détruire Carthage,*
Quitte aux Carthaginois d'habiter d'autres lieux, (1)
Ce ne fut qu'un seul cri de désespoir, de rage,
En entendant dicter cet arrêt odieux.

(1) Ils ne pouvaient s'établir à moins de quatre-vingts stades (20 kilomètres) de la mer.

V

TROISIÈME GUERRE PUNIQUE

Soudaine intervention de Scipion Emilien

Tant de mauvaise foi, d'infâme perfidie,
Souleva tous les cœurs. On rappelle Asdrubal,
Que naguère on avait chassé de sa patrie
Par un arrêt cruel autant que déloyal.

Ayant en quelques mois reformé son armée,
A Néphéris, (1) il bat plusieurs fois les Romains,
Dont la perte totale eût été consommée
Sans Scipion, qui sut les soustraire à ses mains.

Adonnés au plaisir, au vol, à la rapine,
Les jeunes n'apportaient pas d'ardeur au combat,
Et, dans leurs bataillons privés de discipline,
On ne retrouvait plus les vertus du soldat ;
Mais avec Scipion tout change de tournure ;
Cet éminent consul, (2) issu du plus haut rang,
A la Reine des Eaux mettait une ceinture :
Digue au sud, sur la mer ; nord, mur à la Vauban.

Les dernières Cartouches

Mais Asdrubal tient bon, augmente ses cohortes,
En maints assauts culbute encor les légions ;
Puis, murant en secret de Carthage les portes,
Il fond l'or des bijoux, double les bastions,

(1) *Néphéris* (Tite-Live).
(2) Voir, à l'Appendice, la Notice n° 19.

Rêve encor pour demain de sanglantes revanches,
Fabrique boucliers, piques, traits, javelots,
Construit mille vaisseaux aux parois bien étanches,
Qui, par un souterrain, sont lancés sur les flots. (1)

Destruction de Carthage

Vains efforts ! Scipion a coulé les trirèmes (2)
Et placé, près des murs d'enceinte, ses palans,
Catapultes, béliers, qui, sous leurs coups suprêmes,
Font crouler les remparts dans les flots écumants.
Væ victis ! L'ennemi dans la ville se rue,
Mais les Carthaginois défendent leurs foyers,
Et les morts et blessés, entassés dans la rue,
Forment dans la cité d'innombrables charniers.

Ce fut pendant six jours, six nuits, même carnage...
Un cri : « Grâce ! » soudain s'est échappé des rangs ;
Asdrubal (3) s'est fait lâche, et le vent de la plage
Eclate furieux en transports délirants,
Cependant que l'épouse avec ses fils implore
Des flammes qu'elle allume un éternel repos.
« Asdrubal transfuge ! » Ah ! la honte la dévore !...
Tout s'efface et la nuit résorbe ses héros.

L'Echo de la Plage

Et la vague en mourant vient redire à la plage :
Il était autrefois, en ces sites charmants,
La ville de Didon, qui s'appelait Carthage,
Que Rome détruisit jusqu'en ses fondements.

(1) Apulée, 74.
(2) Pendant le siège, Carthage avait fabriqué ses trirèmes avec les poutres de ses maisons, en leur donnant pour cordages les chevelures de ses femmes, et c'est sur cette flotte, engloutie par la mer à la hauteur des anciens ports, qu'eut lieu le suprême effort de la cité punique, agonisant sous les coups de Scipion.
(3) Voir, à l'Appendice, la Notice n° 20.

VI

MÉTAMORPHOSES

Aujourd'hui

Par l'immuable loi de la métamorphose,
Le Cothon a fait place à d'ondoyants roseaux,
Et la pourpre des fleurs, des touffes d'alpérose
Éclate comme un rire au milieu des tombeaux.

Au quartier de Malqua gisent les lourds squelettes
Des anciens réservoirs au ventre défoncé,
Refuge maintenant des rats et des belettes,
Ou de Carthaginois fidèles au passé.

Les anciens quais sont pleins de plantes odorantes,
Dont le parfum se mêle à la brise de mer ;
Valériane, armoise, abondent dans les sentes,
Et les youyous stridents retentissent dans l'air.

De toutes parts on voit les chèvres, tout à l'aise,
Brouter l'herbe qui pousse à travers les débris,
Et les rochers abrupts qui forment la falaise
Sont recouverts de fleurs du plus chaud coloris.

Au sommet de Byrsa s'élèvent la chapelle
Dédiée à saint Louis, les établissements
Dont la fondation pieuse nous rappelle
L'éminent Cardinal, (1) père des Pères Blancs.

Tout au bord de la mer, des tramways électriques
Grimpent en mugissant jusques à Bou-Saïd,
Perché sur un coteau dont les flancs roux, tragiques,
Ont l'aspect chatoyant d'un manteau de caïd.

______

(1) Lavigerie, cardinal, primat d'Afrique, fondateur de l'ordre des Pères Blancs et de la Société antiesclavagiste ; mort en 1892.

L'Ancien Port Carthaginois

La Basilique de Carthage

A ces Carthaginois ensanglantant la terre,
Se sont substitués, grâce aux beys érudits,
Qui poursuivent enfin un but humanitaire,
Des hommes conscients et des cœurs élargis.

Plus de gladiateurs (1) aux torses athlétiques
Dans le cirque romain exhumé du sous-sol :
La femme à l'œil suave, aux formes esthétiques
De l'Eve de l'Eden, rappelle Dona Sol. (2)

Là, pour se délecter, les consuls dans l'arène
Faisaient jeter l'esclave en pâture au lion ;
Des hommes, on proclame aujourd'hui sur la scène
La liberté pour tous, l'émancipation,

Et les Mounet-Sully, (3) en des strophes ailées
Dont les divins accents, les flots harmonieux
Montent avec leur âme aux sphères étoilées,
Font plus large l'esprit, le cœur plus généreux.

La science a chassé la folle idolâtrie :
L'arbitre des humains est la saine raison ;
L'homme ne cherche plus, accusé d'hérésie,
Un refuge éternel dans le subtil poison ;

Il peut impunément, des dogmes d'un autre âge,
Proclamer aujourd'hui la puérilité ;
S'il n'est fou furieux ou bien anthropophage,
Un Arius (4) fervent n'est plus inquiété.

(1) Voir, à l'Appendice, la Notice n° 21.
(2) Création de Victor Hugo dans *Hernani* et, par assimilation, Sarah Bernhardt dans ce rôle en 1867 à Paris, et Mme C... dans ce cirque (1906-1907).
(3) Sous les auspices de l'Institut de Carthage, les Tunisiens ont eu la bonne fortune d'entendre Mme et M. Sylvain, de la Comédie Française, qui, avec cette maestria dont ils possèdent le secret, ont joué dans ce cirque *Electre* et *la Mort de Carthage*.
(4) Arius, ancien presbytre d'une église d'Alexandrie, où il naquit en 270, repoussait comme absurde et contraire à la raison le dogme de la Trinité. Voilà pourquoi Arius fut qualifié d'hérétique par l'Eglise Romaine et condamné comme tel, par le Concile de Nice. Il mourut à Constantinople, en 336, d'une violente colique que ses ennemis ne manquèrent pas d'attribuer à la vengeance divine, mais qui n'avait d'autre cause, dit-on, que le poison.

Demain

Il est passé, le temps de charité chrétienne
Où le tortionnaire affreux Torquemada,
Ce monstrueux produit de l'Eglise Romaine,
Jetait l'homme au bûcher pour ces sornettes-là !

Tout passe, c'est la loi, comme *tout recommence ;*
Dans tout ce qui finit, ruine en proie aux vers,
Germe pour l'avenir la nouvelle semence,
Sous le souffle divin dont frémit l'univers :

Ainsi Carthage va renaître de ses cendres,
Alliant l'art ancien à l'art des temps nouveaux ;
Pour ces antiquités, oui, fort bien, soyons tendres,
Mais à leur place, enfin, installons des berceaux.

Tunis, le 5 mai 1910.

Edmond **POULAIN**.

APPENDICE

TUNISIE

RÉGION DE SOUK-EL-ARBA
EXCURSIONS ENTRE
BÔNE ET TUNIS
RUINES DE:
DOUGGA,
BULLA-REGIA,
THUBURNIC,
CHEMTOU,
LE KEF.
SITES & FORÊTS DE KROUMIRIE
FEIDJA, ETC.
RUINES ET ILE DE TABARCA
descendre à
SOUK-EL-ARBA
ou GHARDIMAOU
TUNIS
POUR TOUS RENSEIGNEMENTS
s'adresser au COMITÉ D'INITIATIVE
DU NORD-OUEST TUNISIEN
A SOUK-EL-ARBA

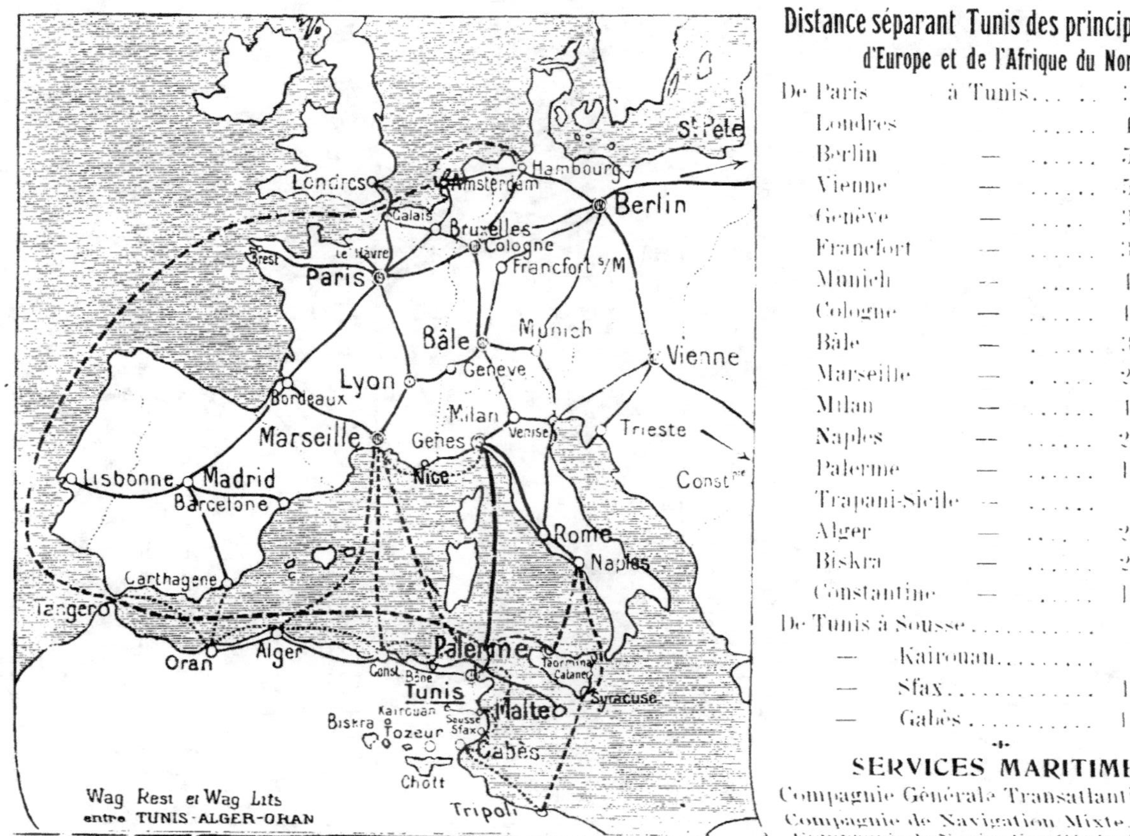

Distance séparant Tunis des principales villes
d'Europe et de l'Afrique du Nord

De Paris	à Tunis.....	35 heures.
Londres	......	41 —
Berlin	—	50 —
Vienne	—	59 —
Genève	—	30 —
Francfort	—	39 —
Munich	—	41 —
Cologne	—	41 —
Bâle	—	35 —
Marseille	—	21 —
Milan	—	15 —
Naples	—	24 —
Palerme	—	12 —
Trapani-Sicile	—	8 —
Alger	—	26 —
Biskra	—	22 —
Constantine	—	13 —
De Tunis à Sousse	....	4 h. 30.
— Kairouan	....	6 h. 30.
— Sfax	....	10 heures.
— Gabès	....	17 —

SERVICES MARITIMES

Compagnie Générale Transatlantique.
Compagnie de Navigation Mixte.

LES GRANDS VOYAGES — G. Le Bourgeois & Cie
38, Boul. des Italiens & 1, Rue du Helder. — PARIS.

Cliché extrait de la *Collection des Grands Voyages*, G. Le Bourgeois & Cie, Paris.

NOTICE I

Tunis la Blanche

Ces marais seront enfin comblés vers la fin de 1911; sur leur emplacement sont édifiés déjà les plus beaux quartiers de la ville : l'avenue Jules-Ferry (1.200 mètres environ), avec sa quadruple rangée de ficus dont les ramures forment deux immenses berceaux de verdure, avec sa cathédrale, ses théâtres, son casino, ses superbes hôtels où tous les styles se rencontrent, l'avenue de la République (4 kilom.), le nouveau port avec ses quais, ses docks et son avenue Stephen-Pichon bordée de palmiers (*Washingtonia filifera*), l'avenue de Carthage en prolongement de celle de Paris (4 kilom.), les rues Franklin, de Turquie, Sadok-Bey, Marceschau, Flatters, Lavigerie, Massicault, de Provence, de Bretagne, l'avenue Gambetta avec son esplanade et son champ de Mars, les rues de Belfort, de Vesoul, de Naples, de Londres, du Nil, de Patras, Courbet, de Lafayette, Kléber, de Lesseps, Alphand, Pasteur, etc., etc.

Ces immenses artères ne sauraient en aucune façon être comparées à celles des villes de même importance, où la vue, généralement masquée par de hautes façades d'immeubles ou de monuments publics, cherche vainement une issue sur la campagne; ce qui distingue d'une façon si frappante celles de Tunis et ce qui leur donne un caractère poétique de souveraine grandeur, c'est l'incomparable perspective qu'elles offrent à l'œil émerveillé : d'un côté, les flots bleus d'où émergent, comme de fantastiques goëlands, les ailes blanches des voiliers de pêcheurs; de l'autre, à l'horizon lointain, la masse sombre des montagnes, dont les sommets rocheux et dentelés prennent, çà et là, des attitudes tragiques pour s'infléchir ensuite,

> En ondulant, vers ces immenses plaines,
> Où Mars a trop longtemps traîné ses lourdes chaînes ;

terre à jamais célèbre par les souvenirs historiques qu'elle évoque et qui, maintenant, à l'abri du drapeau protecteur de la France, et sous les caresses suaves ou folles du soleil, prélude d'un admirable hymen, aspire à l'acte divin de la fécondation.

Comme on le voit, Tunis n'est plus aujourd'hui, comme l'a décrite Flaubert, cette bête venimeuse accroupie dans la fange au bord d'un lac marécageux et nauséabond, et ses habitants ne sont plus des mangeurs de choses immondes. Tunis s'est développée prodigieusement depuis cette époque.

Par ses nouveaux quartiers, elle a conquis sur le lac Bahira une superficie de terrain de plus de 400 hectares. Dragué sur ses rives sur une largeur d'environ 150 mètres, ce dernier va devenir, avant peu, un magnifique lac de plaisance où gondoles, barquerolles et tartanes, aux éternels amants, pourront évoluer sur les flots azurés ,

> Où, sûr que rien ne garde un secret comme l'onde,
> On rendra grâce à Dieu d'avoir créé le monde.

Mais ce qui, par-dessus tout, donne un charme irrésistible à Tunis :

C'est son beau ciel d'azur, ses arbres toujours verts, son éternel printemps, l'odeur pénétrante des bourgeons qui, en toutes saisons, éclosent sur les branches;

C'est ce parfum oriental qui se dégage de toutes choses;

Ce sont ces pittoresques et excentriques quartiers arabes que domine le dôme des mosquées aux sveltes minarets,

> Où, copieusement musquées,
> Passent les Mauresques masquées
> Dont le regard de feu
> Vous poursuit en tout lieu,
> Allumant dans les âmes
> D'impérieuses flammes;
> Ce sont, dans les bosquets
> Et les ruelles sombres,
> Glissant comme des ombres,
> Les amoureux discrets.....

TUNIS — FEMMES ARABES

Tunis — Rue du Divan

TUNIS — VUE GÉNÉRALE

TUNIS — AVENUE DE FRANCE.

C'est, du matin au soir, cette foule intense, bigarrée, cosmopolite qui dévale perpétuellement des hauteurs de la Casba et du Belvédère ;

Ce sont, mêlées aux exquises Françaises et aux piquantes Italiennes, ces Juives adolescentes, dont le type sublime des beautés asiatiques présente le caractère des figures arméniennes, cette coupe orientale des yeux, à paupières turques, et dont la couleur gris d'ardoise contracte aux lumières la teinte bleue des ailes de corbeau;

C'est l'architecture aux lignes exquises, capricieuses et pleines de grâce de ses monuments, mosquées, koubbas et midhas;

Ce sont ses souks que la plume la plus experte ne saurait décrire et dont on ne peut se faire une idée vraiment exacte qu'en les visitant;

Ce sont, au Belvédère, (1) ce panorama incomparable, ces fouillis de verdure, cette végétation luxuriante où les flores de toutes les contrées de la terre semblent s'être donné rendez-vous, et où l'œil découvre, çà et là, dans la profondeur des massifs, de vastes pelouses dont les eaux murmurantes et les fruits d'or donnent l'impression du Jardin des Hespérides; ce vélodrome avec sa piste de 500 mètres et ses 8.000 places de tribunes, situé au flanc de la colline sur laquelle est établi le parc, que d'élégants cavaliers et de sveltes amazones, autos et fougueux attelages parcourent en tous sens, et où les piétons, en longues théories, avec ou sans smalas, prennent d'assaut les bancs protégés des rayons du soleil;

C'est, enfin, ce chemin de fer électrique qui franchit le lac

(1) Conçu par M. Jannin, ex-directeur des Travaux de la Ville, le plan du Belvédère a été dressé par M. Laforcade, paysagiste de la Ville de Paris. Les travaux, commencés en 1892, ont été exécutés par M. de Willot-Beauchemin, comme conducteur (actuellement ingénieur, directeur-adjoint des Travaux de la Ville), sous la surveillance de M. Mourot, chargé depuis de l'entretien. Ces travaux, achevés en 1902, ont nécessité un mouvement de terre d'environ un million de mètres cubes.

Bahira, glissant sur l'onde punique comme un squale gigantesque.

Avec les industries qui s'y créeront fatalement sous peu, de manière à traiter sur place les minerais de toute nature dont la Tunisie est le réservoir inépuisable, (1) la ville de Tunis est vraisemblablement appelée à devenir, avant cinquante ans, la plus importante, la plus belle et la plus recherchée de l'Afrique du Nord, étant donné surtout les souvenirs historiques qui s'y rattachent. Les pittoresque villages de La Marsa, Sidi-bou-Saïd, Carthage, Salammbô, Le Kram, Khéréddine, La Goulette qui sont autant de stations balnéaires, formeront sans doute alors, jusqu'à Tunis et sans solution de continuité, une longue théorie de villas de plaisance, tandis qu'au sud les stations de Radès, Saint-Germain et Hammam-Lif ne constitueront plus elles-mêmes qu'une seule et même plage desservie également par le tramway électrique, sinon par des appareils d'aviation.

Depuis 1887, le Protectorat a réalisé en outre :

1° Le canal maritime de Tunis à La Goulette;

2° Quatre ports : Bizerte, Tunis, Sousse, Sfax;

3° L'arsenal de Sidi-Abdallah;

4° Un réseau de voies ferrées de plus de 1.700 kilomètres exploité par la Compagnie Bône-Guelma, sans compter le chemin de fer Sfax-Gafsa et les nouvelles voies en cours d'exécution;

5° Une conduite d'amenée des eaux de Zaghouan, du Djouggar, du Bargou et d'Aïn-Zigga, permettant l'alimentation en eau potable de Tunis et de la banlieue, y compris les points culminants, avec un débit variant de 15 à 20.000 mètres cubes par vingt-quatre heures ;

6° Un réseau d'égouts (400 kilom. environ) dont les eaux se

____

(1) Une exploitation normale, évaluée à environ 1.400.000 tonnes de minerais de fer, serait assurée, d'après M. Guichard, ingénieur, pendant une durée d'une trentaine d'années.

déverseront désormais dans un champ d'épandage de 750 hectares environ, situé à six kilomètres de la capitale, à proximité de la route de Tunis à La Goulette, dans la plaine de La Soukra, et qui, après avoir fertilisé cette plaine et repris de ce fait leur limpidité primitive, seront refoulées par des pompes centrifuges sur les hauteurs du Belvédère pour l'arrosage des plantations et l'alimentation des pièces d'eau;

7° Une canalisation de gaz et d'électricité (2.000 lampes à incandescence environ) pour l'éclairage de toutes les rues et impasses, quelles qu'elles soient;

8° La mise en valeur des forêts de chênes-liège de la Kroumirie, évaluées à 100.000 hectares;

9° Des centres de colonisation tels que Aïn-Draham, Mateur, Tebourba, Medjez-el-Bab, Souk-el-Khemis, Tebour-souk, Testour, La Mornaghia, Ksar-Tyr, Le Goubellat, Pont-du-Fahs, Zaghouan, Gafour, Enfidaville, Kalaa-Kebira, Djem-mal, Mokenine, Mactar, Pichon, Tala, Feriana, El-Guettar, Tozeur, Metlaoui, Aïn-Moularès, Maknassy, La Skhira, etc., etc., tous reliés aujourd'hui par des routes carrossables (dont 3.500 kilom. classées), parfaitement entretenues, et dotés d'écoles et de bureaux de poste et télégraphe;

10° Redonné la vie et le mouvement à des villes antiques telles que Tabarca, La Marsa, La Goulette, Nabeul, Hammamet, Sousse, Monastir, Mahdia, Kairouan, Le Kef, Sfax, Béja, Sbeïtla, Feriana, etc., etc.;

11° Ouvert enfin des mines de toute nature.

N'oublions pas, toutefois, que nous devons surtout ces éloquents résultats au régime du Protectorat. Les obstacles et les difficultés sans nombre que l'annexion a rencontrés en Algérie sont autant de leçons qui nous invitent à ne pas hâter l'heure de l'annexion.

Tunis possède environ 220.000 habitants, dont 100.000 Arabes, 50.000 Juifs indigènes, 40.000 Italiens, 15.000 Français, 8.000 Maltais, 7.000 de nationalités diverses.

Avant de clore cette notice, constatons une fois de plus qu'ici, comme ailleurs, la France est restée digne de son glorieux passé et qu'elle n'a pas failli à sa noble mission civilisatrice.

Notice II

Le Bardo

Ancienne résidence des beys, le Bardo est situé à trois kilomètres de Tunis. C'est une des plus jolies et des plus intéressantes excursions des environs de Tunis, soit qu'on s'y rende à pied, en voiture, par tramway électrique ou par le chemin de fer Bône-Guelma.

C'est au palais de Kassar-Saïd, à deux pas du Bardo, que, le 12 mai 1881, le général Bréart fit signer à Si Sadok le traité stipulant les conditions suivant lesquelles devait s'exercer dans la Régence le gouvernement du Protectorat.

Il n'est pas un touriste de passage à Tunis qui n'aille au Bardo visiter les appartements beylicaux, le musée archéologique Alaoui, sans contredit le plus important de l'Afrique du Nord, et le palais de Kassar-Saïd avec sa délicieuse orangerie.

Notice III

La Goulette, Khéreddine, Le Kram, Salammbô, Carthage Sidi-bou-Saïd, La Corniche, La Marsa

En se rendant à La Marsa par le chemin de fer électrique qui franchit le lac Bahira, on pourra visiter, par la même occasion, ces pittoresques villages qu'on ne peut traverser sans fredonner involontairement la chanson si populaire et à jamais immortelle du père Dumas :

Connais-tu le pays où fleurit l'oranger ?
Le pays des fruits d'or et des roses vermeilles...
Etc., etc.

Le Bardo — L'Escalier des Lions

Le Bardo — La Salle des Fêtes

C'est à La Goulette, qu'il prit d'assaut le 14 juillet 1535, que Charles-Quint débarqua avec sa puissante armada pour s'emparer de Tunis et en chasser Barberousse qui, lui-même, onze mois auparavant, le 22 août 1534, avait chassé de son trône Muley Hassen, le dernier des Hafsides.

Il n'est pas sans intérêt, à propos de la prétendue importance qu'on attribua, durant le xv° siècle, à ce fait d'armes de Charles-Quint, grâce à ses historiens à gages et aux poètes de cour, de citer l'extrait d'une lettre écrite en italien par un des hommes marquants de l'expédition; elle appartient à la Bibliothèque royale et fait partie de la collection de manuscrits réunis sous la rubrique d' « Ambassade de Turquie ». On y verra le peu de cas que le comte d'Anguillara, qui commandait les forces de l'Eglise, faisait de cette affaire, dans laquelle il joua néanmoins un rôle important :

La Goulette, le 25 juillet 1535.

MONSIEUR PIERRE,

Après la prise de La Goulette, mercredi 14 du présent, notre marche tant remise contre Tunis fut enfin décidée pour le mardi 20. Sa Majesté partit de La Goulette avec l'armée et alla camper à cinq milles de la ville, dans un endroit fortifié par l'ennemi, qui y avait placé quelques pièces de canon, dont nos gens s'emparèrent, après avoir tué deux cent cinquante Maures ou Turcs. Ils y passèrent la nuit, très incommodés par une forte pluie.

Le même matin, Barberousse, feignant de vouloir combattre, se retira de la ville et s'enfuit avec les siens et ce qu'il avait de plus précieux. Les pauvres esclaves chrétiens, qui étaient à Tunis en assez grand nombre, trouvèrent le moyen de sortir de leurs prisons en s'aidant l'un l'autre, et de révolter le pays et le château, et certain esclave y a gagné dix mille écus. Aussi l'empereur fut-il assez heureux pour y entrer avec son armée et presque sans combattre, les habitants s'étant en grande partie enfuis; il y est resté jusqu'à hier, mercredi, qu'il est parti avec l'armée. Notre compagnie était logée dans un château, à deux milles de La Goulette, où tout le monde est arrivé aujourd'hui, afin de s'embarquer et faire route pour l'Italie, s'il plaît à Dieu, car on dit qu'il n'y aura rien de plus cette année.

Barberousse s'est sauvé avec un grand trésor et quatre mille

Turcs à Constantine, pour repasser de là à Bône, où sont ses galères, sur lesquelles il s'embarquera pour Alger, où l'on assure qu'il a encore à sa disposition cinquante voiles, malgré la perte qu'il a faite à La Goulette de quarante galères et de quantité de galiotes et de barques. Il doit aussi y trouver trois mille esclaves. Beaucoup de personnes jugent que cette affaire a été de peu d'importance et qu'il en résulte plus de bruit que tout autre chose ; Barberousse ayant encore tant de galères, d'esclaves et de Turcs, se remontera facilement.

En résumé, le siège de Tunis est un pauvre fait d'armes et de peu de gain, les habitants s'étant sauvés et ayant emporté ou caché ce qu'ils avaient de plus précieux. On a seulement pris quelques femmes, mais très peu d'hommes, contre l'espoir et le désir de chacun.

Sa Majesté, en allant ainsi à Tunis avec son armée, s'était mise en grand danger ; car si Barberousse était resté deux ou trois jours de plus, même sans combattre, l'armée était sûrement détruite par le manque d'eau et facilement taillée en pièces. Dans notre compagnie, il n'y a pas, en effet, un seul homme qui ne soit malade.

« VIRGINUS URBINO, comte D'ANGUILLARA. »

NOTICE IV

Les Eaux chaudes, aujourd'hui Hammam-Lif

Ces eaux, qui sourdent au pied de la montagne du Bou-Kornine, (1) étaient fort réputées du temps des Romains, sous le nom de *Source des Eaux chaudes.*

Un établissement de ces eaux sulfureuses, à la température de 38°, a été aménagé depuis une quinzaine d'années à proximité du Casino, près de la plage. Ce point de la côte, desservi par le chemin de fer de la Compagnie Bône-Guelma (Tunis-Sousse-Sfax) est devenu, depuis cette époque, une fort jolie station balnéaire, d'ailleurs très fréquentée des Tunisois et des touristes.

---

(1) Baâl-Karnaïm, demeure de Moloch, sous les Carthaginois.

Radès

KORBOUS — L'HÔTEL DES THERMES

Notice V

Korbous : la Côte du Soleil

(Excursion en une journée par chemin de fer ou automobile)

Korbous possède un établissement de même nature qu'Hammam-Lif. C'est l'*Aquæ Calidæ* des Romains. Situé au bord de la mer, en face de Carthage, sur le versant occidental du Cap-Bon, dans le golfe de Tunis, ses eaux chaudes (56° en moyenne), limpides, sans odeur, d'un goût salé, sont classées pour leur composition dans les eaux chlorurées sodiques fortes hyperthermales.

Leur action thérapeutique s'exerce sur toutes les manifestations de l'arthritisme. Très efficaces dans le traitement de la laryngite chronique, souveraines contre l'atonie gastro-intestinale, elles combattent victorieusement, en outre, l'anémie, le lymphatisme, la scrofule, la syphilis et ses manifestations consécutives, rétablissent et régularisent les fonctions digestives. Elles s'emploient en bains ordinaires, bains de vapeur, douches, inhalations et en boisson.

Abrité des vents de l'est et du nord par la masse du djebel Korbous (altitude 420ᵐ environ) qui se termine en falaise du côté de la mer, Korbous jouit généralement pendant l'hiver d'une température aussi douce que celle des beaux jours de mai en France.

Vous donc, valétudinaires ou malades qui souffrez de raideurs articulaires d'origine rhumatismale ou traumatique, de rétraction de muscles, d'atrophie musculaire consécutive, de cachexie d'origine paludéenne, de distension habituelle de l'estomac, d'irritation chronique des muqueuses du tube digestif, d'affections utérines et de constipation opiniâtre ;

Vous encore qui vous ressentez de plaies anciennes compliquées de lésions osseuses, de contusion, d'ulcères variqueux, de plaies atoniques, de varices, suites de phlébite, ou qui ne pouvez vous débarrasser d'affections cutanées chroniques de nature dartreuse;

> *Vous-mêmes, jeunes fleurs, ô vierges de seize ans*
> *Dont la neurasthénie assombrit le printemps,*
> *Qu'on voit, avec langueur, se pencher sur vos tiges,*
> *En proie aux pamoisons, aux vapeurs, aux vertiges ;*
> *Jeunes blasés pour qui, de Madrid à Moscou,*
> *L'oracle d'Epidaure est le même partout ;*
> *Qui, tristes au milieu de folâtres convives,*
> *Ne levez plus au ciel vos prunelles pensives ;*
> *Insensibles sans cesse au fraternel accueil,*
> *Comme Banquo, muet, en un moelleux fauteuil ;*
> *Ou bien qui promenez de l'Italie en France,*
> *Dans de brillants autos, votre désespérance,*
> *Enviant chaque jour le sort des travailleurs*
> *Dont le pain noir toujours a d'exquises saveurs ;*
> *Le sort du chemineau qui, chassé par la roue,*
> *Se traîne à pied couvert de poussière et de boue ;*
> *Le sort du mendiant qui, sur le grand chemin,*
> *Bourdonne à la portière en vous tendant la main,*
> *Venez tous abriter vos souffrances intimes*
> *A Korbous, dont on aime à parcourir les cimes.*
> *Sur ces monts embaumés, où paissent les troupeaux,*
> *Vous goûterez en paix le bienfaisant repos,*
> *Et des eaux savourant l'influence si douce,*
> *Chaque jour vous irez où le hasard nous pousse ;*
> *Mieux que Pise, Florence et la Ville aux sept monts,*
> *Korbous fera de vous de joyeux compagnons.*

Un explorateur allemand, M. Von Maltzan, qui vint en 1870 parcourir la Tunisie, fit dans le Cap-Bon une découverte qu'il relate en ces termes dans une brochure publiée en 1870 à Leipzig :

« La cité antique la plus rapprochée d'Hammam-Lif, en suivant la côte, était *Carpis*, comme la nomme Ptolémée, ou *Carpi*, comme l'appelle l'*Itinerarium maritinium*. Cet ouvrage évalue sa distance de Carthage, par mer, à environ 19 milles ou 30 kilomètres 500. Cette évaluation nous conduit à un petit village arabe : Hammam-Korbous (*vulgo* Korbous) où l'on retrouve des vestiges romains. Dans ce nom s'est conservé d'une façon presque parfaite l'appellation antique de Carpis.

« Dans l'histoire de l'Eglise, Carpi se présente toujours sous son nom *Secundinus Carpitanus*, dont les évêques Secundinus (255), Antoninus (411), Pontadius (418), Félix (484), Venerius 525, assistèrent au Concile de Carthage. Bassus, évêque de Carpi, est mentionné en 646 parmi les signataires des arrêtés contre les Monothélistes. D'après saint Optatus (liv. 18, chap. II) le schisme des Donatistes sévit à Carpi de la façon la plus cruelle. Comme au temps de Julien, les temples païens furent ouverts de nouveau, les Donatistes purent, en toute liberté, se livrer à leurs persécutions contre les catholiques, et ils firent de leurs ennemis le plus sanglant carnage. »

NOTICE VI

Zaghouan, Oudna, Dougga, Bulla Regia, Bizerte, Utique

Le village de ZAGHOUAN (2.000 habitants) bâti sur les ruines d'une ville antique, est situé à 53 kilom. de Tunis. On pourra s'y rendre soit par chemin de fer, soit par automobile ou voiture, la route étant très belle. Le Temple des Eaux ou *Nympheum* se trouve à deux kilomètres du village, au pied du djebel Zaghouan. Le chemin pour s'y rendre est très pittoresque. C'est un des points les plus mouvementés de la Tunisie.

« Ce temple était d'ordre corinthien, avait la forme d'un dôme sur lequel se trouvaient trois niches, où l'on avait probablement placé la représentation de quelques divinités.

« Des fragments d'inscriptions latines montrent que le temple était de construction romaine; mais l'aqueduc paraît plus ancien que le temple. La ville de Carthage n'aurait pu, sans cet aqueduc, réunir assez d'eau pour fournir aux besoins de ses habitants. » (1)

Cet aqueduc restera à jamais célèbre dans l'histoire grâce à l'immortel chef-d'œuvre de Gustave Flaubert. (2)

L'aqueduc dont on admire aujourd'hui les ruines fut construit par l'empereur Hadrien, agrandi et réparé sous Septime-Sévère, ainsi que l'atteste une médaille de Carthage qui représente Astarté sur un lion galopant au-dessus d'une source qui coule à flots. Détruit par Gélimer, roi des Vandales, il fut réparé par Bélisaire, général de Justinien. Coupé et rétabli de nouveau par les conquérants arabes, détruit enfin par les Espagnols qui assiégeaient Tunis, il fut restauré, après trois siècles d'interruption, sous le règne de Sidi Sadok, bey de Tunis, Sidi Mustapha étant premier ministre, Léon Roches, chargé d'affaires, consul de France.

Les sources de Zaghouan, avec celles du Djouggar, du Bargou et d'Aïn-Zigga, alimentent aujourd'hui Tunis et ses environs.

En suivant l'aqueduc, on verra, à peu de distance du Nympheum, les ruines de l'ancienne ville romaine d'OUDNA, dont les principales sont : la citadelle et ses magasins, l'amphithéâtre, le théâtre, les citernes, la basilique, la porte triomphale, la villa de Fructus et celle d'Industrius, la villa dite des Mosaïques, le pont à trois arches, les piliers et l'aqueduc.

Les ruines de DOUGGA, situées à une journée de Tunis par automobile, ainsi que celles de Bulla Regia (près de Souk-el-Arba), récemment mises à jour par l'infatigable archéologue qu'est le Dr Carton, correspondant de l'Institut, n'offrent

---

(1) Notes sur le livre XXIX, de Tite-Live, t. IV, p. 479. (Edition Garnier frères, 6, rue des Saints-Pères.)

(2) Dans *Salammbô*, p. 74 et 75, on voit, en effet, comment Mathô et Spendius pénétrèrent dans Carthage. Mais un aqueduc existait-il au temps des mercenaires ? *That is the question.*

Porte de Zaghouan

DOUGGA — LE CAPITOLE

BIZERTE — L'ANCIEN CANAL

pas moins d'intérêt que les célèbres ruines de Timgad (Algérie); elles attestent au même titre la puissance de la République romaine qui sut courber sous sa loi tant de peuples divers, la splendeur de l'empire et la prospérité qui régnait alors sur cette terre d'Afrique, prospérité que la France a pris à tâche de ressusciter, en apportant de plus aux indigènes les trésors de son âme magnanime, une liberté qu'ils n'ont connue à aucune époque, la diffusion de l'enseignement, l'amour du progrès et enfin les sentiments humanitaires qui ont dicté les Droits de l'Homme, base fondamentale de la Révolution Française.

BIZERTE possède un vaste port de guerre. Indépendamment de l'ancienne ville indigène, très intéressante et en partie conservée, cette cité a vu surgir un quartier neuf très luxueusement construit et qui offre tout le confort des grandes villes du littoral de l'Afrique du Nord, avec, en plus, un panorama grandiose et superbe et un climat idéal.

Les touristes, j'imagine, ne manqueront pas de visiter l'arsenal de Ferryville et les ruines romaines de la vieille et célèbre UTIQUE.

NOTICE VII

Kairouan

Kairouan (à 69 kilom. de Sousse), fut fondée, en 670 de notre ère, par le général Okbah Ibn Nafé, (1) qui, avec l'émir

(1) On sait que Okbah, dont l'audace est restée légendaire, poussa son cheval jusque dans les eaux de Tanger en s'écriant : « Dieu de Mohammed, où n'irais-je pas proclamer la gloire de ton nom, si ces flots n'étaient pas pour moi une barrière infranchissable ! » Toute l'armée restée derrière son chef s'inclina devant la volonté divine en faisant entendre un formidable « Allah hou' akbar ! », (Dieu est le plus grand). On campa ce jour-là sur le rivage, et le lendemain Okbah, avec sa poignée de prêtres armés, s'enfonça dans les régions méridionales du Maroc, non pour conquérir, mais pour convertir : la seule préoccupation de ces envahisseurs fut, en effet, contrairement aux Romains qui voulaient l'assimilation des peuples conquis, de convertir à l'Islam tous les peuples de la terre. Ces apôtres farouches, brandissant un cimeterre d'une main et de l'au-

Moaouiah Ibn Hodaïdj, (1) venait de disperser (665) les troupes byzantines du patrice Grégoire et d'organiser le territoire en province arabe, dont il avait été nommé gouverneur. Construite avec les ruines de l'antique Cirène des Grecs,

tre un Coran, gagnaient des âmes à Allah, sans se soucier d'ajouter une province de plus à une patrie terrestre qui n'existait pas pour eux. Okbah contraignit partout les vaincus à embrasser le mahométisme. Dans l'Arabie, dans la Perse, dans la Berbérie et dans l'Inde, c'est par la force seule des armes que s'établit l'Alcoran. Après la victoire, un édit condamnait à mort tous les déserteurs de la foi mahométane.

Quoi qu'on en puisse penser, on est bien obligé de reconnaître que ce moyen barbare a parfaitement réussi à opérer l'assimilation morale, sinon physique, entre les vainqueurs et les vaincus : toute l'Afrique, en effet, est bel et bien musulmane, bien que les uns et les autres aient conservé leur langue, leurs mœurs et leurs caractères parfaitement distinctifs. Toutefois il est permis de se demander si cette assimilation est un bien, au point de vue du progrès, de l'affranchissement de la pensée et d'une juste conception de la Nature, toutes choses qui constituent l'Idéal des peuples civilisés ; car une fois les masses fanatisées, que d'efforts ne faut-il pas tenter avant de découvrir la bonne méthode qui doit les faire revenir à la saine raison par les moyens pacifiques, les seuls que puisse admettre la civilisation moderne ! Nous ne doutons pas qu'on y parvienne un jour, mais l'esprit reste confondu devant les obstacles à surmonter et les siècles qui semblent devoir s'écouler jusqu'au jour où ce but sera atteint.

Certes, la diffusion de l'enseignement, la prospérité et le bien-être que nous répandons chaque jour de plus en plus dans ce pays, jusque dans les contrées les plus reculées, sont assurément de nature à nous concilier les indigènes et à faire disparaître bien des préventions, par la sympathie qu'ils font naître autour de la France comme une sorte d'auréole ; mais ce qui nous semble destiné à exercer par-dessus tout, dans l'avenir, une action d'une efficacité vraiment souveraine, c'est, à notre humble avis, le croisement des races, qui, bien qu'il répugne tant encore, de part et d'autre, à nos préjugés ancestraux, s'imposera par la force des choses. Pratiqué avec prudence, par voie de sélection bien comprise, il aura l'immense avantage d'entraîner fatalement avec lui la communauté d'intérêts. Il est clair que nous marchons à l'*unité d'Idée* par la loi inéluctable du progrès. Or, ce n'est que lorsque ces croisements seront entrés dans nos mœurs que nous pourrons vraiment nous flatter d'avoir résolu le problème de l'assimilation, parce qu'alors elle sera morale et physique tout à la fois. Ce sera l'œuvre des siècles à venir. Mais pour obtenir plus sûrement ce résultat, n'oublions pas toutefois qu'il est indispensable de peupler ce pays de nombreux colons, en vertu de ce principe, émis par le savant D' Topinard, qu'*une race conquérante, lorsqu'elle n'est pas en majorité, tend à disparaître, alors que la race antérieure reprend le dessus, avec ses traits physiques et autres.*

S'il en était encore besoin, l'armée d'Hercule, dont parle Salluste, nous démontrerait l'infaillibilité de ce principe. Cet illustre auteur latin raconte, en effet, que, selon les Africains, « Hercule finit ses jours en Espagne et que son armée, composée de toutes sortes de nations, se divisa par l'ambition des chefs qui aspiraient au commandement et se débanda rapidement. Entre autres peu-

(1) Fondateur de la dynastie des Omniades ou Omeïades

KAIROUAN — PANORAMA

KAIROUAN — GRANDE MOSQUÉE

au milieu d'une vaste forêt remplie de bêtes fauves (aujour-
d'hui détruite) et qui servait de refuge aux rebelles, Kairouan devait devenir bientôt la ville sainte du nord de l'Afrique et la capitale de l'Islamisme.

ples qui étaient là, les Mèdes, les Perses, les Arméniens et, ajoute Gustave Bois-
sière (*Algérie Romaine*, p. 86), *sans doute les Kymris venus du nord, vers 1.600
av. J.-C., par les îles de la Méditerranée et la péninsule ibérique* » passèrent la
mer et s'installèrent en Afrique sur les bords les plus voisins de la Méditerranée ; les Perses, s'étant avancés un peu plus loin, se mêlèrent par des ma-
riages avec les Gétules et formèrent avec ce dernier peuple la nation des *Numides*. C'est un nom, ajoute Salluste, qu'ils se donnèrent eux-mêmes à cause
de la vie errante et pastorale qu'ils menaient à l'instar des Hyksos déjà établis,
n'ayant pas d'autres demeures que les cabanes en bois construites avec les débris de leurs vaisseaux et qu'ils transportèrent d'un lieu à un autre, suivant la
qualité des pâturages qu'ils rencontraient. Dans la suite, les Libyens se joigni-
rent aux Arméniens et corrompirent ce dernier nom, qu'ils changèrent en celui
de Maures, par une prononciation barbare. »
   Ajoutons que, suivant Henri Mager, ancien membre du Conseil supérieur des
Colonies, « les hommes primitifs qui ont les premiers, aux temps préhistori-
ques de la pierre taillée, habité l'Afrique du Nord, au moment où y vivaient
les éléphants, les rhinocéros, les hippopotames, appartenaient à la race blanche, qu'ils avaient des cheveux bruns, qu'ils étaient frères des Egyptiens et
des Ethiopiens et venaient comme eux des plateaux de l'Asie ». D'Egypte, toujours d'après ce même auteur, vinrent ensuite les Hyksos : ces populations
blanches, de race sémitique comme les Chaldéens, les Hébreux, les Arabes, en-
traînées par la poussée touranienne au moment de l'invasion de la Chaldée
par les Elamites de Sousse, avaient quitté les rives du golfe Persique et s'é-
taient portées vers la Syrie, où l'une de leurs fractions, *les Phéniciens*, s'éta-
blirent sur la côte au nord du mont Carmel ; de la Syrie, les Hyksos envahirent
l'Egypte vers *2300* avant l'ère chrétienne et imposèrent tribut à *la Basse* et à la
Haute Egypte : leur domination dura de *2300* à l'*an 1700* environ ; leurs rois
constituèrent les XVe, XVIe et XVIIe dynasties ; ce sont ces peuples pasteurs qui
— croit-on communément — envahirent la Libye et y portèrent le bronze, qui
était connu des Egyptiens depuis trente-cinq siècles.
   Lorsque le fondateur de la XVIIIe dynastie eut reconquis l'Egypte sur les
Hyksos, l'un de ses successeurs, Touthmès III, porta à son tour ses armes dans
les pays berbères et pénétra au moins jusqu'à Cherchel.
   Une invasion égéenne, de langue aryenne, mit fin à l'occupation égyptienne.
   On nous pardonnera cette longue digression, qui n'a d'autre but que de démontrer la nécessité où se trouve la France d'accueillir dans ce pays, d'où
qu'ils viennent, tous les éléments de progrès, de manière à faire pénétrer un
sang nouveau dans les masses profondes qui l'habitent et à leur permettre de
prendre rang dans le concert des peuples civilisés.
   Okbah fut tué au mois d'août 683, dans l'oasis qui porte son nom, au cours
d'une révolte des Berbères des tribus de l'Aurès, dirigée par Kocaïlah. Cette
oasis est située à vingt kilomètres environ de Biskra ; elle possède une mosquée dont les vingt-six colonnes ont des sculptures et des peintures fort remar-
quables. Cette mosquée, qui date du VIIe siècle, est le plus ancien monument de
l'Islamisme en Algérie ; elle renferme la tombe d'Okbah Ibn Nafé et, par suite,
est très vénérée des Arabes, qui s'y rendent de très loin en pèlerinage.

Avec ses quatre-vingt-cinq mosquées, ses quatre-vingt-dix zaouias, ses souks, ses bassins des Aghlabites, (1) ses aïssaouas, ses 20.000 habitants dont à peine 200 Français, elle est, à notre connaissance, la seule ville qui ait conservé intact son caractère arabe.

Tous les vendredis, à cinq heures du soir, on peut assister aux exercices publics des aïssaouas. Ces indigènes forment une confrérie religieuse musulmane qui fut fondée à Mequinez, il y a environ trois siècles, par le marabout marocain Sidi Mohamed ben Aïssa. Les adeptes de cette confrérie, très répandue dans tout le nord de l'Afrique, prétendent avoir reçu le pouvoir de manger impunément les choses les plus dangereuses et guérir les blessures causées par des animaux malfaisants.

Dans leurs réunions, les aïssaouas se rendent insensibles par cette danse sur place où, dans des mouvements saccadés d'avant en arrière, ils se convulsionnent en cadence, secouant comme des fous, sur leurs épaules nues, leur longue tresse de cheveux, appelée « mahomet », dansant même sur des charbons ardents, jusqu'à ce que chacun d'eux, ivre de ces mouvements désordonnés, ait perdu la notion de la réalité des choses et se soit incarné dans un des fauves dont il imite le cri : lion, chacal, panthère ou hyène. Il semblerait alors que ces êtres n'aient vraiment plus rien d'humain : ils broient le verre avec leurs dents et l'avalent, mangent des

(1) Ibrahim Ibn el Aglab, gouverneur d'Afrique ou vice-roi (pour les Abbassides) du calife de Bagdad, Haroun Al Rachid, se révolta et se fit nommer souverain de Kairouan. C'est dans son palais d'El-Abbassaïah, près de Kairouan, que l'ambassadeur de Charlemagne, alors à l'apogée de sa gloire, sollicita d'Ibrahim Ibn el Aglab les reliques de saint Cyprien et autres martyrs d'Afrique, et ce fut dans le même temps que Charlemagne recevait à Aix-la-Chapelle, du calife de Bagdad, une tente de soie rouge, un éléphant, les clefs du Saint-Sépulcre et cette fameuse horloge mécanique, ou clepsydre, dont les heures étaient sonnées par des cavaliers qui faisaient tomber des balles sur un timbre d'or.

Ibrahim Ibn el Aglab fut le fondateur des Aglabites ; ils conquirent la Sicile, la Crète et, en Italie, Tarente et toute la Calabre (885). Ils transportèrent leur cour à Tunis à la fin du IXe siècle, vers l'époque où ils s'emparèrent de Syracuse et de Taormina, les seules places qui résistassent alors aux Grecs en Sicile.

scorpions, des rats, des crapauds, des lézards, des moutons vivants, se font mordre par des serpents venimeux, sortent leurs yeux de l'orbite avec la pointe d'un poignard, etc., etc. Ils sont convaincus qu'ils démontrent ainsi l'immunité merveilleuse dont Allah les a gratifiés par l'intervention de Sidi Mohamed ben Aïssa.

On sait qu'il n'était pas rare de rencontrer chez les anciens certaines personnes qui avaient la faculté de suspendre à volonté les mouvements de la vie. Elles restaient un certain temps sans respiration, sans pouls, roides et froides, avec toutes les apparences de la mort, et reprenaient ensuite d'elles-mêmes l'usage de leurs sens. On disait alors qu'il y avait « morticine ».

Saint Augustin raconte, dans son livre *De Civitate Dei (la Cité de Dieu)*, qu'un prêtre appelé Restitute, de la paroisse de Calama (Guelma), savait, à son gré, se mettre dans un état si voisin de la mort qu'il n'était sensible ni aux brûlures ni aux piqûres, ni à aucune des fortes épreuves qu'on pût faire sur un corps, et qu'il ne présentait aucun signe de vie. Il y avait véritablement *morticine*.

Un moine, Chègue, a été témoin d'un fait semblable, et la mort lui paraissait absolument certaine. Cet état cataleptique cessait tout à coup. Le pouls et la respiration se ranimaient par degrés.

Cette espèce de jonglerie a été commune à une époque où l'exaltation religieuse était portée au plus haut point. Il arrivait parfois que ceux qui la pratiquaient finissaient par payer de leur vie ces essais réitérés ou trop prolongés d'un état de mort apparente qui les faisait regarder comme des saints par la multitude, celle-ci ayant toujours aimé et recherché de tout temps ce qui lui paraît tenir du merveilleux.

Voici, en vers, la description d'une séance des aïssaouas, dont nous avons été le témoin :

LES AÏSSAOUAS

Ecoutez ; les voici, ces aïssaouas,
Jouant du tambourin, du thoul, des derboukas.
Sur la place l'on voit accourir tout le monde ;
Un flot d'Européens, d'indigènes l'inonde,
Et le sourd tarablouk résonne sous sa peau,
Et de sa grèle voix la flûte de roseau
— Du Prophète évoquant l'antique ritournelle —
Par ses accents criards, sa rengaine éternelle,
Aiguillonne la foi dans l'âme des martyrs
Rangés autour d'un cheikh, pareils à des fakirs.
De sa main grasse et molle il conduit les arpèges ;
Sa barbe a pris d'antan et l'aspect et les neiges,
Et son regard subtil, qui fouille au fond du cœur,
En scrute tous les plis, en exalte l'ardeur,
Le séduit, l'hypnotise et lui montre en leur gloire
Des édens de houris pour prix de leur victoire.
Et la musique en chœur, par des sons plus moelleux,
Les plonge plus avant dans des songes plus creux.....
. . . .
Tout à coup, sur le sol une lame scintille,
Un grand réchaud s'allume et le charbon pétille.
Le vieux cheikh, ramassant aussitôt le khendjar,
En fait rougir la lame et dit : « Allah akbar »,
Et, prompts comme l'éclair, pris soudain d'un vertige
Qui tient de la folie autant que du prodige,
Le corps tout frémissant en des transports nerveux,
Ils cinglent l'air du fouet sifflant de leurs cheveux ;
Dans des gestes sans fin, véritables tortures,
De leurs corps efflanqués, aux crasseuses ceintures,
Ils répètent en chœur leurs incantations.

Près d'une heure l'on voit dans ces contorsions
Ces torses noirs d'ébène, où la sueur ruisselle,
Et le farouche éclair de leur fauve prunelle.

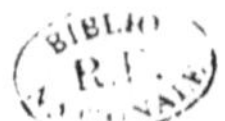

TUNIS — LE CASINO

Tunis — Rue Sidi-ben-Ziad

Vrais démons affolés dont le flanc meurtri bat,
Leur échine se dresse et sans cesse s'abat,
Comme d'un forgeron le marteau sur l'enclume ;
Leur bouche, qui se tord, rugit, blanche d'écume ;
Leur souffle est enflammé, leurs poumons haletants ;
Ces membres amaigris, ces cheveux ondoyants,
Ces corps haves et secs se disloquant sans trève,
Font, comme un cauchemar, l'effet d'un affreux rêve ;
On entend le tambour et la flûte qui bruit
D'un accent non rythmé qui pleure et qui gémit,
Ainsi que les échos d'antiques saturnales,
Hurlements d'outre-tombe expirant en rafales
De cris stridents, aigus, de sauvages rumeurs,
D'éclats confus de voix, de sanglots et de pleurs !

Mais soudain un martyr, en proie à la démence,
Du cercle se détache et vers le cheikh s'avance,
L'œil morne maintenant et de sang injecté.
Le khendjar qui flamboie à ses pieds est jeté.
Serait-ce qu'il s'anime ? On la voit, cette lame,
Comme un serpent de feu se tordre dans la flamme.
Le cheikh, d'un air mystique et d'un geste indolent,
La ramasse, et le fer rugit au flanc sanglant.
L'homme courbe le front sous la douleur horrible ;
Il tournoie un instant, se relève et, terrible,
Danse, chancelle encor, puis s'affaisse soudain...
La lame au fanatique est retirée enfin.

Tous ces démons alors, d'un aspect effroyable,
Dans une rage folle, inouie, incroyable,
Offrent à la douleur leurs corps émaciés,
Squelettes qu'on dirait vingt fois crucifiés.
Et toujours du roseau l'antique ritournelle,
Par des trilles sans fin, sa rengaine éternelle,
Ses sons tantôt plus sourds et tantôt plus moelleux,
Les plonge plus avant dans des songes plus creux.

Et quand tous les martyrs ont souffert la torture,
Quand ils ont du khendjar savouré la morsure,
Mâché, sans sourciller, les charbons enflammés
Qui restent au réchaud à moitié consumés,
Broyé puis avalé d'invraisemblables choses,
Des scorpions, des rats, des lézards aux yeux roses,
Dévoré d'un mouton aux navrants bêlements,
Comme loups affamés, les membres palpitants,
La musique aussitôt ralentit son allure,
Prête à s'évanouir dans un faible murmure ;
Le tambour essoufflé râle son dernier son,
Qui vient rendre aux martyrs un éclair de raison.

NOTICE VIII

Sousse, Monastir, El-Djem, Sfax, Gabès, Djerba, Mahdia

SOUSSE (*Hadrumetum*)

La ville de Sousse, située à 150 kilomètres de Tunis, fut fondée vers le IXe siècle avant J.-C. Peuplée d'environ 26.000 habitants, Sousse présente, avec son Contrôle civil et son Tribunal de 1re instance, le double caractère de ville moderne et de cité romaine.

Comme la plupart des villes de la Régence que le Protectorat de la France a en quelque sorte ressuscitées en leur infusant un sang nouveau, Sousse se compose aujourd'hui de deux cités bien distinctes : la cité arabe, construite à flanc de coteau, et dont les nombreuses maisons en amphithéâtre offrent un aspect des plus pittoresques, la cité française, de construction récente, qui s'étend dans la plaine au pied du coteau et jusqu'au port.

Les touristes épris d'archéologie ne manqueront pas de visiter les catacombes, situées dans des souterrains creusés dans le plateau ouest voisin de la mer et de la ville, qu'il domine.

Les tombeaux sont placés dans de petites niches de forme parallélipipédique, pratiquées à droite et à gauche, dans les parois des galeries de ces souterrains, comme ceux que l'on rencontre à Tripoli et en Syrie, avec cette seule différence que ces derniers sont creusés dans le roc, tandis que les premiers l'ont été dans une sorte de tuf qui constitue la nature du sol de ce plateau.

Un service d'automobile et de diligences pour Sfax est établi à Sousse, d'où rayonnent en tous sens des routes en parfait état d'entretien et qu'au milieu de la forêt d'oliviers qu'elles sillonnent de toutes parts, on prendrait volontiers, étant donné leur moelleuse blancheur, pour des ruisseaux de lait.

Avant de quitter Sousse, nous engageons les touristes à visiter Mahdia. Ils pourront s'y rendre soit par le chemin de fer qui passe à Moknine, soit par la route de Monastir qui longe le rivage.

MONASTIR *(Ruspina)*

Parmi ces routes, l'une des plus pittoresques est celle qui conduit à Monastir (21 kilom.) en épousant les courbes gracieuses du rivage. De Sousse, l'œil est émerveillé par l'aspect riant de cette petite ville qui, ainsi qu'une Naïade gracieusement assise à l'ombre de ses palmiers, contemple son image dans le miroir des eaux.

EL-DJEM

De Sousse, on se rendra à El-Djem et à Sfax par le chemin de fer de la Compagnie Bône-Guelma, inauguré le 20 avril 1911 par M. Fallières, Président de la République française.

El-Djem est particulièrement intéressant à cause de son amphithéâtre romain, qui est l'un des plus beaux monuments de l'Afrique du Nord. Construit au IIIe siècle par l'empereur Gordien, totalement abandonné, depuis cette époque florissante, aux mains caduques de populations inactives en proie à une sorte de sommeil cataleptique, la République française, pénétrée de la noble mission civilisatrice dont la Révolution de 1889 l'a investie, est venue lui dire, par la voix éloquente de son vénéré représentant Fallières :

Lazare, lève toi ! Debout ! Sors du cercueil;
De tes membres épars, balayant la poussière,
Je veux voir dans l'azur dresser ta tête altière :
Ce peuple a de ta mort assez porté le deuil.

> *La France veut qu'en cette arène,*
> *Désormais temple de la paix,*
> *On vienne des monts, de la plaine,*
> *Pour combattre l'Hydre, la Haine,*
> *Vanter l'Amour et ses bienfaits.*

> *La gloire avant tout, pour la France,*
> *C'est de chérir l'Humanité,*
> *De voler à la délivrance*
> *D'un peuple en proie à la souffrance :*
> *Telle une Sœur de Charité.*

> *A toute œuvre de mort, rebelle,*
> *Du Progrès portant le flambeau,*
> *Fière de son âme si belle,*
> *Elle aime à pendre à sa mamelle*
> *Les peuples encore au berceau.*

> *Sa noble mission, sur terre,*
> *Consiste à semer le bon grain;*
> *Toujours, en passant, sa bannière*
> *Secoue un germe salutaire :*
> *La France est le Semeur divin.*

Dans les annales glorieuses du passé, l'Histoire ne manquera pas d'enregistrer l'inauguration du chemin de fer de

El-Djem — L'Amphithéâtre

M. FALLIÈRES

Président de la Republique

S. A. MOHAMMED EN NACER

Bey de Tunis

Sousse à Sfax par le Président Fallières, accompagné de Son Altesse Mohammed en Nacer, Pacha-Bey de Tunis, et de M. Alapetite, Résident, ainsi que la royale hospitalité qui lui fut donnée ce jour-là sous la tente, par ladite Compagnie, (1) au milieu des ruines éloquentes du Colisée.

SFAX

Une halte dans la ville de Sfax sera d'autant plus appréciée et semblera d'autant plus délicieuse que, située au seuil du Sahara, elle possède une des plus belles olivettes de ces régions et qu'elle est reliée à Gafsa par la voie ferrée de la Compagnie des Phosphates et du Chemin de fer Sfax-Gafsa; c'est ce qui explique d'ailleurs qu'elle soit devenue si florissante en quelques années, car Sfax ne compte aujourd'hui pas moins de 90.000 habitants.

Autour de Sfax se déroule actuellement, sur un rayon de plus de 50 kilom., une forêt d'oliviers de 240.000 hectares dont la première zone fut complantée au cours des quatre siècles de domination romaine, et qui franchira sous peu le djebel Krechem, grâce au chemin de fer nouvellement construit de Sfax-Bou-Thadi, chemin de fer qui va permettre en outre l'exploitation des richesses minières et agricoles de l'arrière pays des Guemoudda.

GABÈS

Gabès (*Tacape* sous les Romains) mérite tout particulièrement d'être citée par sa situation au bord de la mer et son admirable oasis. Certes, les oasis de Gafsa, d'El-Hamima, de Tozeur, de Nefta sont admirables; mais celle de Gabès est vraiment merveilleuse et la végétation de ses palmiers, qui tient du prodige, ne se rencontre guère que dans les oasis aux eaux jaillissantes situées, en Algérie, dans le large lit sa-

(1) **M. Trélat, président.**

blonneux de l'oued R'ir, qui s'étend depuis le chott Melr'ir jusqu'à Temacine, sur 150 kilom. : telles sont les oasis de Biskra, Chagga, Mouarich, Ourlana, Djama, Mazar, Tegdidine, Tamerna, Guedina, Djedida, Lid, Slimane, Zaouia, Tebesbest, Nezla, Touggourt. Plus de 100.000 mètres cubes d'eau provenant de puits artésiens, dont la plupart furent creusés, depuis 1876, par le lieutenant de vaisseau Louis Say, Fau, Alb. Foureau et le capitaine Ben Driss, agha de Touggourt, se répandent journellement dans ces oasis pour la culture du palmier-dattier (1) (*Phœnix dactylifera*), dont la production par hectare est évaluée à 15.000 francs.

Gabès, enfin, est le centre d'excursions nombreuses qui, au point de vue ethnique et des mœurs et coutumes indigènes, offrent un intérêt puissant : telles sont Matmata, Medenine, Djerba *(Meninx)*, Zarzis, Mahdia et Tripoli-de-Barbarie *(Garopha)*, le Tarabolos-el-Ghar des Arabes.

Lorsqu'il explore ce territoire presque entièrement dépourvu de constructions européennes, l'homme du Nord est frappé, en effet, de l'aspect primitif de ses agglomérations de gourbis indigènes et de tentes en poil de chameau, au seuil de chacune desquelles, vigilantes sentinelles, veillent des chiens kabyles, et où le costume sommaire, de couleur écarlate, des fillettes et jeunes femmes jette sa note gaie. Il se croit vraiment transporté aux temps bibliques. Aperçoit-il au milieu de ces immenses plaines, sous ce ciel d'azur foncé spécial à ces contrées, quelque adolescent faisant paître ses troupeaux ? Il admire — le sentiment artistique aidant — la pureté de ses traits, la fierté de sa physionomie, l'impétuosité et la souplesse féline de ses allures, et lorsqu'il rejette en arrière son blanc burnous de ses bras nus et nerveux, ce n'est plus ce pâtre qui ne rêve souvent que rapine qu'il a devant

---

(1) Le palmier-dattier ne rapporte des fruits qu'après la huitième année et n'atteint son maximum de vigueur qu'à trente ans. Il donne alors annuellement huit à dix régimes de dattes dont chacun pèse environ 20 kilos. La récolte se fait en novembre.

lui, non, c'est le jeune David de la Bible qui surgit à son imagination.

S'agit-il de deux jeunes filles indigènes allant à la source voisine puiser de l'eau ? Le même phénomène se produit : ces jeunes filles n'ont absolument rien de commun avec celles qui, en réalité, sont chaque jour les témoins oculaires de scènes familiales plus ou moins dégradantes. Le voyageur voit en elles — n'est-ce pas charmant? — toutes les candeurs naïves, toutes les vertus, toutes les grâces, toutes les formes esthétiques d'Eve sortant des mains de Dieu et, par une de ces associations d'idées des plus naturelles en pareille circonstance, il admire en elles les filles de Laban, Lia et Rachel, dont le patriarche Jacob devait faire ses épouses.

Cette contrée était occupée dès la plus haute antiquité par les peuples Libyens ; elle comprenait tout l'espace situé entre la Grande Syrte et la Petite Syrte et s'étendait, à l'est, jusqu'à la Cyrénaïque, à l'ouest jusqu'à la Gétulie et au sud jusqu'au désert du Sahara.

C'est dans le port de *Leptis Magna*, situé entre les deux Syrtes, que débarqua Annibal avec son armée (203) à son retour d'Italie.

On connaît à peine aujourd'hui le nom de ces anciens peuples, bien que plusieurs historiens parlent avantageusement de quelques-uns, entre autres des Cinithiens, des Maces, des Gindanes et des Lotophages, dont l'île de Djerba était la terre de prédilection.

L'ILE DE DJERBA *(Meninx)*

De Gabès, une excursion dans l'île de Djerba s'impose au touriste. Cette île merveilleuse, au climat d'une douceur incomparable, à l'éternel printemps, possède d'innombrables jardins d'une fertilité sans égale et que cultive une population éminemment laborieuse et pacifique.

Les Libyens lotophages devaient leur nom, suivant Hérodote, à l'usage qu'ils faisaient du lotus, plante qu'ils mangeaient avec délice et dont ils tiraient aussi une excellente boisson.

Suivant le même historien, il y avait chez les Gindanes une coutume très particulière : les femmes mettaient autant de plis à leurs robes qu'elles avaient de galants, et celles qui en comptaient le plus grand nombre étaient les plus estimées.

MAHDIA

Mahdia fut bâtie, en 916, par le prince berbère Obeïad Allah el Mahadi, qui fonda la dynastie des Fathimistes. Ce prince prétendait descendre de Mahomet par Fathma et Ali, son gendre ; d'où le nom de Fathimistes donné aux princes de cette dynastie.

Située aux abords de la Petite-Syrte et à la naissance du golfe de Gabès, Mahdia, suivant l'historien arabe El Bekri, était entourée d'un mur d'enceinte que fermaient deux énormes portes exclusivement en fer. Ses maisons étaient construites toutes en pierres de taille. Elle renfermait 360 grandes citernes, et son port, creusé dans le rocher même et qui pouvait contenir une trentaine de bâtiments, se fermait, suivant l'usage de l'époque, par une chaîne de fer. Il fut longtemps le refuge du fameux corsaire Dragut, qui, dit-on, tint en échec Charles-Quint.

Dès la découverte de l'Amérique par Christophe Colomb, (1) à la fin du XVe siècle (1492), la navigation prit un essor considé-

---

(1) La découverte de l'Amérique nous fait souvenir que « lorsque Vasco de Gama pénétra pour la première fois dans la mer des Indes (1498), il ne fut pas peu surpris d'y trouver un nombre prodigieux de vaisseaux et un commerce réglé sur toutes ses côtes. Mais son étonnement n'eut plus de bornes lorsque, ayant pris un pilote du pays, il le vit se servir de la boussole, du quart de cercle et de cartes géographiques ». Ajoutons qu'il eût été encore bien plus étonné si on lui eût dit que, depuis le règne de Hoang-Ti (2693 ans av. J.-C. et 289 ans après le Déluge), les ingénieurs chinois se servaient eux-mêmes de la boussole et du triangle rectangle, dont ils connaissaient les propriétés.

Il résulte, en effet, des documents traduits littéralement par le savant orien-

KASSERINE — L'ARC DE TRIOMPHE

NEFTA — UNE MAISON

Le Désert

Tozeur — Une Maison

rable et, au xvi⁰ siècle, les mers étaient déjà sillonnées de toutes parts par des navires chargés des produits du nouveau monde. Comme Alger, Djidjelli, Collo et Bougie, Mahdia était devenue alors un immense entrepôt de toutes les prises des pirates. On les vit s'élancer jusqu'aux Canaries et désoler les côtes de la Manche et de la Baltique. Au dire des historiens les plus dignes de foi, on comptait, vers le milieu du xvi⁰ siècle, c'est-à-dire à la fin du règne de Barberousse (1516-1548), au moins 30.000 prisonniers chrétiens en Afrique. (1)

Un événement tout à fait imprévu vient de donner à Mahdia une nouvelle notoriété.

A la suite de la découverte, en juin 1907, par des pêcheurs d'éponges de Sfax, d'un bateau antique naufragé au large du cap Africa, sur la côte orientale de la Tunisie, entre Sousse et Sfax, la Direction des Antiquités vient d'entreprendre des fouilles sous-marines pour mettre au jour, sinon le bateau naufragé, du moins les précieux objets qu'il contient et qui ne manqueront pas d'enrichir le patrimoine archéologique de documents d'une valeur considérable, si l'on en juge par les objets d'art qui, déjà, en ont été extraits : colonnes et chapiteaux en marbre, meubles de luxe, lits, brasier pour chauf-

taliste Pauthier que, quelques siècles après le Déluge, la Chine offrait le spectacle étonnant d'une constitution sociale et politique aussi avancée que furent jamais celles des Grecs et des Romains, et que, dès 2255 avant notre ère, sous le règne de Chun, de grandes routes et chaussées furent tracées dans des contrées presque inaccessibles ; le Kiang et le fleuve Jaune, détournés de leurs cours, allèrent, dans un lit artificiel, offrir un écoulement régulier aux eaux stagnantes qui inondaient, une partie de l'année, plusieurs provinces de l'Empire. Pour l'exécution de ces travaux, Chun fit aplanir des collines et ouvrir des montagnes par d'immenses tranchées, travaux pour lesquels les ingénieurs se servaient, comme nous venons de le dire, de la boussole et du triangle rectangle.

Voilà ce que Thiers, tout homme d'Etat qu'il fût, ignorait, sans doute, lorsque, sous Louis-Philippe, il émettait des doutes sur la possibilité de faire traverser les montagnes par les chemins de fer, dont on proposait l'établissement.

(1) Quatre ans après la bataille de Lépante (1571), dont Don Juan d'Autriche (fils naturel de Charles-Quint) fut le héros, l'immortel auteur de *Don Quichotte*, Michel Servantès, en retournant de Naples sur la galère *Le Soleil*, avait été capturé par le redoutable corsaire arnaute Mammi ; conduit à Alger, il y subit jusqu'en 1581 la plus dure des captivités.

fage d'appartements, candélabres, lampes, vases de toutes sortes, statues et statuettes en bronze.

Le naufrage de ce bateau, chargé d'objets d'art qu'il transportait d'Athènes à Rome, selon toute apparence, aurait eu lieu, suivant M. Merlin, directeur des Antiquités, peu après le pillage du Pirée par Sylla.

A l'appui de cette hypothèse, M. Merlin expose fort judicieusement (1) que *c'est d'Athènes que Sylla fit venir les colonnes qui servirent à la reconstruction du Capitole, incendié en 83 pendant la guerre civile, — ajoutant que Lucien nous a conservé le souvenir d'un vaisseau chargé d'objets d'art, envoyé à Rome par Sylla après qu'il se fut emparé d'Athènes, (2) qui sombra dans les parages du cap Malée, à la pointe de la Laconie. Cet exemple — dit-il — n'est-il pas particulièrement significatif et curieux à rapprocher du nôtre ?*

NOTICE IX

Établissement thermal d'Hammam-Meskhoutine

Hammam-Meskhoutine est une petite station qui se trouve sur le parcours du chemin de fer de Constantine à Bône et à Tunis, à quatre-vingt-seize kilomètres de Constantine et à cent sept kilomètres de Bône.

L'établissement thermal est situé en contre-bas d'un large plateau. Tel un immense amphithéâtre, il semble avoir été placé là pour permettre de contempler le tableau ravissant et grandiose qui se déroule tout alentour, et qui, au milieu de cette région montagneuse et boisée, d'aspect à la fois pittoresque et sauvage, est un véritable coin d'Eden africain.

Ce plateau est dominé au sud et au sud-ouest par les crêtes des Beni-Brahim qui forment pour ainsi dire un étage inter-

(1) Lire *la Revue Tunisienne*, de l'Institut de Carthage, de mars 1911.

(2) La prise d'Athènes eut lieu le jour des calendes de mars de l'an 80, jour où précisément on célébrait plusieurs cérémonies sacrées, en mémoire du déluge de Deucalion qui, 1510 ans auparavant, avait dévasté le nord de la Grèce.

médiaire entre ces montagnes et la vallée proprement dite
qu'on trouve à peu près à cent cinquante mètres plus bas.
L'horizon est borné au nord par le massif imposant du djebel
Debar, montagne aride et abrupte dont les points culminants
atteignent mille deux cents mètres d'altitude ; au nord-est,
par les collines boisées des Beni-Addi qui viennent noyer
leurs cascades de verdure dans le Bou-Hamdam, qui serpente
à leurs pieds ; à l'est, par la coupure d'où s'échappe la rivière
pour pénétrer dans la vallée de l'oued Cherf, et changer brusquement sa direction ouest-est pour couler du sud au nord
sous le nom de Seybouse ; au sud-est, à l'ouest, par des montagnes escarpées et l'entrée de la gorge du Taya, par où nous
avons pénétré dans la vallée.

Le plateau des sources lui-même est à trois cent dix-huit
mètres d'altitude, à cinq cents mètres environ à droite du
Bou-Hamdam; assez mal limité au sud, il est fermé à l'est par
le chabet Zerdouïna et à l'ouest par l'oued Chedakra, dans
lequel se déversent toutes les sources chaudes.

La température des sources qui forment les cascades et
alimentent les piscines et les baignoires s'élève invariable-
ment, en toute saison et en tout temps, à 96 degrés. Il n'existe
pas de source en Europe qui atteigne une aussi haute température, ainsi qu'on peut s'en rendre compte par le tableau
qui suit :

SOURCES		TEMPÉRATURE
Uriage		27°
Eaux-Bonnes	12°	à 32°
Greoulx	10°	à 40°
La Preste	37°	à 40°
Barèges		45°
Aix-en-Savoie	45°	à 46°5
Néris		52°
Bourbon l'Archambault		52°
Le Vernet	18°	à 52°
Aix-la-Chapelle	45°	à 55°
Cauterets	16°	à 56°
Bourbonne	49°	à 58°
Dax	31°	à 61°

SOURCES	TEMPÉRATURE
Amélie-les-Bains	31° à 63°
Luchon	34° à 68°
Ax (Ariège)	14° à 70°
Plombières	40° à 70°
Carlsbad (Bohême)	62°5 à 73°7
Chaudesaignes	88°
Hammam-Meskhoutine	96°

On ne connaît, pour avoir une température supérieure, que les geysers d'Islande, qui jaillissent à 109°, et un groupe de sources chaudes aux îles Philippines, qui jaillissent de 60° à 98°.

L'eau est parfaitement limpide et transparente ; sa densité est de 102,202 ; au moment de son émergence, elle exhale une forte odeur d'hydrogène sulfuré qui disparaît par son exposition à l'air.

Les sources sont fort nombreuses ; elles jaillissent du sol sur une grande étendue. Elles se font jour à travers un terrain de travertin qui leur doit sa formation et montent verticalement à l'instar des puits artésiens. Elles déposent incessamment une matière calcaire qui incruste tous les objets qu'elle touche, comme celles de Frascati, près de Rome, ou de Saint-Allyre.

Il n'est pas de touriste qui ne profite de cette propriété pétrifiante pour obtenir de jolies incrustations de feuilles, de fruits, de plantes entières et d'objets divers qu'il emporte chez lui comme souvenir.

On peut évaluer à plus de 100.000 litres la quantité d'eau fournie en une heure par les seules sources qui forment les cascades, quantité qui pourrait être doublée par les volumes de toutes les petites sources éparses sur le plateau et qu'il serait facile d'utiliser. La comparaison avec les quantités débitées par diverses sources fera mieux ressortir leur importance sous ce rapport.

Gabès — L'Oasis

Gaesa — L'Oasis et le Fort

SOURCES	DÉBIT
Guagno	3.510 litres.
Hammam-Rira	4.200 —
Bourbonne	5.000 —
Saint-Sauveur	6.000 —
Barèges	7.500 —
Plombières	10.416 —
Amélie-les-Bains	50 000 —
Hammam-Meskhoutine	100.000 —

Les eaux d'Hammam-Meskhoutine dégagent à leur sortie des sources une grande quantité de gaz et contiennent des principes minéralisateurs plus nombreux que beaucoup d'autres sources thermales.

Les gaz recueillis avec soin, au milieu de la veine en ébullition, ont présenté la composition suivante :

Acide carbonique	97,0 %
Acide sulfhydrique	0,5
Azote	2,5

Suivant les analyses dont elles ont été l'objet, la composition chimique de ces eaux aurait quelque analogie avec celles de Balaruc, Plombières, Bagnères-de-Bigorre, etc., et aussi, par la présence de l'arsenic, avec celles des eaux de Baden, Bourbonne, Aix-en-Provence, Bath en Angleterre, etc. En tout cas, on ne saurait contester que les principes minéralisateurs qu'elles contiennent soient d'une variété beaucoup plus grande que dans aucune des sources précitées. L'abondance de ces principes, jointe à leur haute température, leur communique une action énergique sur l'organisme et une grande puissance curative. Cette action se constate par la qualité qu'acquièrent les urines et la sensation qu'elles font éprouver à leur passage dans l'urètre ; elles sont souvent rouges ou rougeâtres et déterminent, chez beaucoup de malades, un sentiment d'ardeur et de cuisson dans le canal. C'est probablement cette circonstance qui les fait considérer comme aphrodisiaques et prolifiques par les indigènes. '

Ces eaux se prennent en boissons, douches, inhalations, bains ordinaires et bains de vapeur. Elles sont souveraines pour les malades qui souffrent de raideurs articulaires, de rétraction de muscles, de fausses ankyloses résultant de blessures, d'entorses, de luxation ou autres violences extérieures, de lésions osseuses, d'affections cutanées chroniques de nature dartreuse et autres, de viscères abdominaux, d'hydropisies passives et d'un état cachectique, suite de fièvres intermittentes.

Etant donné, toutefois, d'une part, les effets physiologiques de l'eau thermale, et, d'autre part, les mauvais résultats constatés chez les malades atteints de lésions cardiaques, traités comme tels, le docteur A. Piot, (1) détaché pendant trois années consécutives, en 1890, 1891 et 1892, en qualité de médecin-chef à l'hôpital thermal d'Hammam-Meskhoutine, engage les médecins à n'envoyer à cet établissement qu'avec la plus grande réserve les rhumatisants porteurs d'une lésion cardiaque et à ne choisir parmi ceux-là que ceux dont les lésions sont parfaitement compensées.

L'usage des eaux d'Hammam-Meskhoutine est formellement contre-indiqué dans la tuberculose pulmonaire. Mais les syphilitiques s'en trouvent très bien, et c'est ce qui explique la confiance dont ces eaux jouissent depuis des siècles auprès des Arabes.

Les touristes trouveront dans cet établissement, en même temps que le confort des hôtels les plus selects des grandes villes d'Europe, voitures, chevaux, autos, pneus, mulets, bourriquots et guides pour toutes excursions, et de plus — ce qui manque aux établissements thermaux d'Europe, ce que rien au monde ne saurait leur donner — un climat tempéré durant les mois d'hiver.

(1) Pour plus amples renseignements, consulter l'ouvrage de M. le docteur A. Piot : *Trois Saisons à Hammam-Meskhoutine*, 1890-1891-1892 — Société d'Editions Scientifiques, 4, rue Antoine-Dubois, place de l'Ecole de Médecine, Paris. Tous les renseignements que nous donnons ici ont d'ailleurs été puisés soit dans cet ouvrage, soit dans celui du docteur L. E. Moreau.

L'Etablissement. — L'hôtel est bâti sur un plan très intelligemment conçu ; tel qu'il est, il évite au baigneur et au touriste les inconvénients de la vie en commun, en donnant à chacun une large provision d'air respirable. Il se compose de quatre pavillons sans étage, ne se touchant pas entre eux, et encadrant un carré dont le centre est occupé par un grand bassin d'eau courante, entouré lui-même d'un double cercle de rosiers et d'orangers de belle venue ; chaque face est cotoyée d'une allée plantée d'arbres, frênes ou orangers. Le reste forme une magnifique pelouse dans laquelle sont disséminées des ruines romaines, stèles, mosaïques, bas-reliefs, statues, etc. La face sud est formée par un bâtiment en croix, contenant le salon, les salles à manger, la salle de billard, les bureaux, l'office et un certain nombre de chambres de voyageurs. L'un des angles circonscrits par cette croix constitue une place formant terrasse et ombragée par un térébinthe plusieurs fois séculaire qui en fait une belle salle à manger d'été ; l'autre angle contient un petit jardin d'agrément orné d'un superbe palmier.

La face ouest est occupée par le bâtiment affecté aux militaires : il renferme plusieurs chambres destinées à recevoir les différentes catégories de malades, officiers, sous-officiers et soldats, et un logement pour le médecin.

La face nord contient le pavillon spécialement affecté aux voyageurs ; toutes les chambres s'ouvrent des deux côtés et leur porte donne sous une galerie couverte.

La face est est occupée par un pavillon servant de logement au propriétaire.

Ce quadrilatère est encadré au nord par des oliviers séculaires qui le séparent de la grande cascade, à l'ouest par une vigne, au sud et à l'ouest par des jardins potagers et d'agrément et par une belle orangerie.

Derrière le pavillon sud se trouve, en outre, une grande construction à un étage contenant la cuisine, la salle à manger des ouvriers et les logements du personnel.

L'installation balnéaire comprend des piscines, des douches et des bains de vapeur.

1° Les piscines dans lesquelles se baignent les militaires sont les piscines romaines; elles sont situées sur la rive droite du *Chedakra*, à vingt mètres à peine du pont sur lequel passe la route de la gare ; elles sont alimentées par la source des bains. Elles sont au nombre de quatre, contenues dans trois salles distinctes précédées chacune d'un vestiaire ; la plus grande d'entre elles est suffisante pour permettre de nager ;

2° Le bâtiment des douches, situé un peu en dessous de celui-ci, contenant trois chambres en partie creusées dans le roc et précédées d'un petit vestiaire, reçoit l'eau chaude et l'eau froide mélangées par des conduites en bois à ciel ouvert, qui viennent se déverser dans une caisse carrée percée au-dessus du bâtiment, laquelle transmet le liquide dans chaque chambre à volonté, grâce à une petite vanne qui communique avec un conduit de même nature que les précédents, se terminant dans un entonnoir ouvert dans la toiture même ; il n'y a donc que des douches de chute.

Un autre groupe balnéaire a été construit pour l'usage des malades civils, tout près de l'hôtel. Il se compose d'un bâtiment contenant quatre piscines et deux cabinets de douches. La distribution de l'eau s'y fait comme dans le groupe précédent ;

3° Les bains de vapeur se prennent dans un petit bâtiment en maçonnerie, situé à proximité de la grande cascade et sous lequel passe un canal d'eau chaude qui y dégage sa vapeur. Le malade s'assied sur un siège à claire-voie au-dessus de ce canal ; rien de plus simple ; avant de pénétrer dans la petite case où se trouve le siège du patient, on traverse une petite chambre carrée, meublée d'un lit de camp en planche servant de lit de repos.

A Hammam-Meskhoutine, l'hiver offre l'image du printemps ; le thermomètre s'y maintient entre 10 et 20 degrés au-

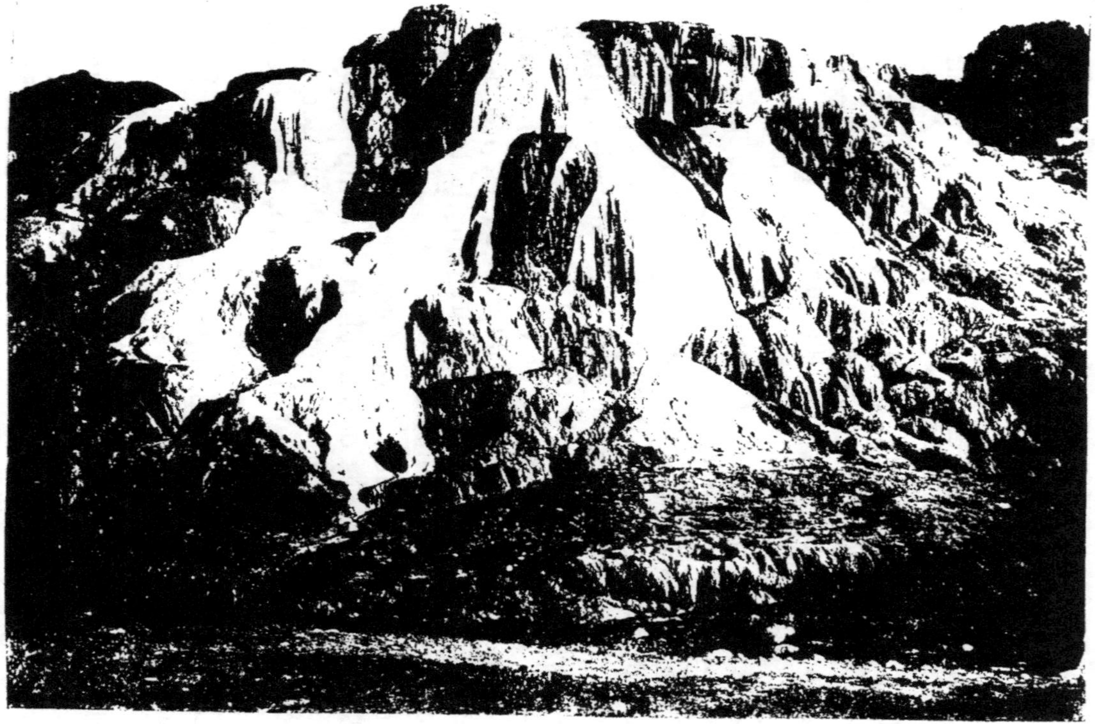

HAMMAM-MESKOUTINE — CASCADE DU CHEMIN DE FER

LE MARIAGE

dessus de zéro. Dès le mois de novembre, les champs se couvrent de verdure et de fleurs.

Aux abords de la grande cascade se déroule une suite de cônes de hauteur inégale formés par les stratifications des calcaires et qui ont comme des apparences de cadavres.

Frappé de l'aspect quelque peu effrayant de ces rigides attitudes pétrifiées, l'indigène, dans son esprit simpliste, amoureux du merveilleux, expliquant tout par la légende, a vu là un effet de la colère du Ciel.

Nous n'avons pu résister à la tentation d'écrire en vers cette légende que les Arabes se transmettent de génération en génération, et dont nous trouvons le récit dans l'ouvrage publié sur Hammam-Meskhoutine par le docteur L.-E. Moreau (1858), qui lui-même le tira de Mac Carty.

Puissions-nous avoir réussi à lui donner ainsi, avec la couleur locale, la poésie et l'attrait dont nous avons essayé de l'enrichir. Les cônes dont nous venons de parler représentent les acteurs de cet épouvantable drame.

LA LÉGENDE D'HAMMAM-MESKHOUTINE

I

Aux bords du Chedakra, que reçoit la Seybouse,
Pourquoi cette fumée et ces blocs tourmentés
Sur ce plateau qui s'enfle en énorme ventouse ?
Vous voulez le savoir, touristes, écoutez :

Ces lieux sont le berceau d'une légende antique
Qui donne à méditer aux plus puissants cadis.
Si j'en crois maints récits d'origine authentique,
On les nomme les « Bains de l'Enfer », « des Maudits ».

Près d'ici, sur ce mont dont vous voyez la cime,
Vivait jadis Brahim au nom retentissant ;
Cousin de Mahomet et, de plus, richissime,
Ces titres en tous lieux le rendaient tout-puissant.

Il devait à l'amour Fathima, l'adorable,
Et l'hymen triomphant avait comblé leurs vœux ;
De ces deux cœurs unis, l'amour inaltérable
Semblait devoir les rendre à tout jamais heureux.

II

Dieu, qui veut à ses lois entière obéissance,
Leur donna deux enfants : Ali, puis Ourida,
Dont ils ne surent pas dresser la conscience ;
Mais, éternel vengeur, le Destin veillait là.

Le jeune adolescent ne rêvait que prouesse ;
Nul autre cavalier, sur son coursier fougueux,
N'affrontait le danger avec autant d'ivresse,
Tant de sa vie en tout il était dédaigneux.

Sans cesse impatient de montrer son courage,
Il faisait sentinelle autour de ses troupeaux
Et guettait, jour et nuit, insensible à l'orage,
Les fauves, qu'il chassait sans trêve ni repos.

Les filles accouraient des monts et de la plaine
Pour admirer de près son intrépidité ;
Et l'amoureuse ardeur dont leur âme était pleine
Rayonnait dans leurs yeux en douce volupté.

De ses regards ravis, sa sœur était jalouse ;
Elle aussi l'adorait en secret — quelle horreur ! —
Quoi ! pouvait-elle donc devenir son épouse ?
Pourtant un flot d'amour envahissait son cœur.

III

Ali l'a trop comprise ; on eût dit quelque fauve
En lutte avec son âme... Enfin, à bout d'effort,
Il s'exalte, s'affole, et de sa lèvre mauve
S'échappent ces cris : « *Elle ! ô Cieux ! elle ! ou la mort !* »

Dès lors, il ne vit plus que l'ardente prunelle
D'Ourida, qui pour lui d'amour étincelait,
Que ses beaux cheveux noirs, que ses pieds de gazelle,
Que ses douillettes mains blanches comme du lait

La douce vision se rive à sa paupière ;
Elle surgit partout où s'égarent ses pas,
Comme un flambeau divin, un ange de lumière,
Qui le rend éperdu par ses chastes appas.

Tandis que la tribu croit voir en eux l'image
De deux êtres unis par les liens du sang,
Ainsi que l'asphodèle au souffle de l'orage
Eux tremblent, côte à côte, en un trouble incessant.

C'est qu'en ces cœurs, hélas ! si purs en apparence,
Innocents jusque-là, pleins de simplicité,
L'amour incestueux, essayant sa puissance,
Les rivait à son joug avec la puberté.

Fathima ! toi, Brahim ! toi, parent du Prophète,
Pour cet infâme hymen, formez-vous des souhaits ?
Allez-vous de leur âme achever la défaite
Et pousser vos enfants au plus grand des forfaits !

IV

« Ainsi, disait Brahim, tous mes biens sans partage
Iraient à mes enfants aussi riches qu'heureux ;
Rien ne serait distrait de l'immense héritage :
Mes troupeaux, mes trésors, tout resterait entre eux.

« Enfin, je touche au but, disait-il à sa femme,
Il n'est plus qu'à séduire Amar, l'intègre Amar ;
Mais je sais un moyen de corrompre son âme :
Sous le fardeau des ans, sa vertu n'est qu'un fard. »

Brahim, qui le sait pauvre et près de la misère,
Lui montre comme appas des trésors de sultan ;
Le caïd, comme un dieu qui brandit le tonnerre,
D'un mot le foudroya : « Je te maudis, va-t'en ! »

Mais un jour on trouva, gisant, la gorge ouverte,
Amar, couvert de sang, le corps nu tout meurtri ;
Parler ? c'était courir sûrement à sa perte :
On se tut, murmurant : *Mektoub !* c'était écrit !

Le nouveau magistrat, que l'or met en ivresse,
Reçoit à pleines mains ; indigne successeur
Du vénérable Amar, c'est avec allégresse
Qu'il bénira l'hymen d'un frère avec sa sœur.

Dans toute la tribu fermentait le scandale ;
On protestait tout bas contre un tel déshonneur.
« Je serai, dit Brahim, plus fort que la morale !
Dans un festin pompeux, étouffons la clameur ! »

Un honneur aussi grand mit la foule en extase :
« Quel digne homme qu'Ali ! Quelle sainte, Ourida ! »
De tout scrupule on fit aussitôt table rase,
On exalta l'inceste aux cris pieux d'Allah !

V

Mais voici du grand jour la fête inénarrable ;
Voyez tous ces burnous aux plus vives couleurs,
Ces nuages d'encens au parfum délectable,
Tous ces feux allumés et ces moissons de fleurs !

Jamais pareils transports n'animèrent ces rives
Où dort pour un instant le sombre souvenir,
Et parmi ces gaîtés si franches et si vives,
Tout semblait annoncer un riant avenir.

Des tapis frangés d'or et des tentes sans nombre,
Comme en massifs de fleurs, s'étalent sur le sol ;
En vain on chercherait dans ces apprêts une ombre...
La derbouka, le thoul soudain prennent leur vol.

Prises d'accès d'amour, des femmes affolées
Dansent aux sons aigus de la flûte en roseau,
Et leurs youyous stridents s'en vont par les vallées
Proclamer que leur cœur brûle d'un feu nouveau.

Merga, r'fil, haloua, m'choui, terbïa, couscousse
Exalent dans l'air par leurs enivrants fumets ;
Le lait, qui coule à flots, de sa neige éclabousse
Chaque tente, où l'on voit des montagnes de mets.

Comme à Rome, trois jours, ce sont des saturnales,
Des luttes corps à corps et des fantasias,
Des rires, des chansons, des danses infernales,
Des ripailles d'amour à l'ombre des tuyas.

VI

Mais trève de plaisirs !... J'aperçois sur la berge
Le cortège qui passe avec son déshonneur ;
L'épouse est radieuse, et sur son front de vierge
Est écrit « L'innocence est gage du bonheur ».

Tout l'essaim de beautés dont elle est entourée
Voudrait boire, comme elle, à la coupe d'amour ;
On accourt en tous sens de la vaste contrée ;
Pour la voir vous sourire, on s'écrase à l'entour.

Du superbe éléphant contemplez l'opulence :
Il porte sur son dos l'Orient merveilleux ;
Des ors de ses brocards, jaillit la rutilence,
Et des jeunes époux, la splendeur des aïeux.

Et pas un, indigné, qui leur jette la pierre !
Tous ceux de la tribu, fatal entraînement,
Ne sont que les rameaux parasites du lierre...
« Il est avec le riche un accommodement. »

« Quoi ! l'amour fraternel, disaient-ils, est-ce un crime ?
Chez les Perses jadis, et dans maint autre lieu,
On épousait sa sœur ; c'était très légitime :
Aurait-on, depuis lors, travesti le bon Dieu ? »

Mais malgré ces transports d'une joie en délire,
Un souffle convulsif passa bientôt dans l'air :
Présage de malheur qu'on aurait pu prédire,
Que les animaux même annonçaient par leur flair.

Le ciel en feu s'apprête à perdre ces profanes ;
On se sent suffoqué par d'étranges vapeurs,
Et, çà et là, du sol on voit sortir des mânes
Qui semblent esquisser de grands rires moqueurs.

VII

Ah ! voici le cadi ; c'est le moment suprême ;
Il prend la main du frère et du front de la sœur
L'approche, (1) mais soudain pâlit... Gros d'anathème,
Le ciel en feu hurlait : « Je suis le Dieu vengeur ».

Les sanglots se mêlaient aux rires sataniques ;
Des monts en fusion le cratère béant,
Les tremblements de terre aux assauts titaniques
Allaient-ils replonger le monde en plein néant ?

Les fauves ahuris, spectacle épouvantable,
Fuyaient de tous côtés, rugissants et par bonds,

(1) Ce n'est que lorsque le cadi a posé la main du fiancé sur le front de sa fiancée que le mariage, d'après la loi musulmane, est considéré comme un fait accompli.

Et les troupeaux, beuglant d'une voix lamentable,
Roulaient asphyxiés dans les gouffres profonds.

Et l'enfer en fureur entr'ouvrait ses entrailles,
Lançant sur les maudits tous ses feux indignés ;
Les éléments partout se livraient des batailles
Et le sol s'incrustait des restes des damnés.

VIII

Le Ciel à son courroux ne voulut pas de trêve,
Car toute la tribu devait ici périr ;
Et l'on entend toujours les maudits — est-ce un rêve ? —
En douloureux accents et pleurer et gémir.

Voyez-vous ces rochers aux poses magistrales ?
Ce sont les invités en habits de gala ;
Du cortège ils suivaient les marches triomphales...
Et, pour l'éternité, maintenant les voilà !

Les Beni-Khelifa, quand apparut l'aurore,
Etaient pétrifiés. Ces rocs petits et grands
Et ces cônes jumeaux, ce sol qui fume encore,
Sont la preuve du fait pour tous les mécréants.

FIN DE LA LÉGENDE

Les Arabes expliquent encore, par une autre légende, l'origine des eaux chaudes :

« Salomon, ayant créé de son vivant des bains pour toute la terre, en avait confié la garde et l'entretien à des génies sourds, muets et aveugles, afin qu'ils ne puissent ni voir, ni entendre, ni raconter ce qui s'y passerait. Mais, depuis deux mille neuf cents ans, personne n'a pu faire comprendre à ces génies que Salomon est mort, et, fidèles à l'ordre qu'ils ont reçu, ils continueront probablement à chauffer les bains jusqu'à la fin des siècles. »

Sources ferrugineuses

Si l'on quitte la cascade pour prendre le sentier qui conduit dans la vallée, au sud de l'établissement, en remontant l'oued Chedakra sur une distance d'environ un kilomètre, on aperçoit, sortant des flancs de marnes ferrugineuses, sur la rive droite, des sources qui se distinguent des précédentes par des caractères bien tranchés.

Elles donnent moins de dépôts calcaires; ceux-ci sont colorés en rouge brique par du protoxide de fer; elles sont essentiellement ferrugineuses. Leur température est de 78°. Elles n'ont pas d'odeur sulfureuse; leur saveur est un peu styptique; elles sont limpides et incolores à leur point d'émergence, mais elles laissent, dans le ruisseau où elles tombent, un dépôt de sel calcaire ocreux. Ces eaux ont beaucoup d'analogie avec les eaux de Spa, de Bussang et de Pyrmont.

Les murailles en ruines, les blocs de pierre taillée, les débris de colonnes, de portiques, de chapiteaux dont de nombreuses piscines sont encore environnées attestent, ici, l'existence d'un des plus importants établissements thermaux de l'Afrique romaine.

Partout où les Romains rencontraient des sources thermales, ils créaient de vastes établissements de bains dont on retrouve de toutes parts les ruines importantes. C'est en plongeant dans les nombreuses piscines de ces établissements, dont quelques-unes pouvaient recevoir cinq cents baigneurs à la fois, que les soldats de leurs légions se reposaient de leurs fatigues et se fortifiaient pour de nouveaux combats. Bien que très soucieux du confort et de l'hygiène du soldat, nos gouvernants n'en sont pas encore arrivés à ce degré de sollicitude pour les défenseurs de la patrie.

Nous serions inexcusable de ne pas signaler à l'attention des touristes, avant de clore cette notice, « la particularité qu'offre la haute montagne de Taya, dont les entrailles renferment de vastes excavations qui ont été l'objet des recherches de MM. Fournel, Letourneux, Léon Renier, Bourguignat, Faidherbe, Reboud, Rouvière, etc. Dans l'ouvrage publié en 1876, *Excursions archéologiques dans les cercles de Guelma, de Souk-Ahras et de la La Calle*, M. Reboud rapporte à ce sujet que M. le commandant Rouvière a eu le courage de pénétrer fort loin dans l'abîme et d'en contempler les belles horreurs à la lueur des torches. C'est ainsi qu'il est parvenu à dresser le plan des diverses parties de la caverne.

M. Bourguignat, et après lui le général Faidherbe (1867), ont tiré du sol de la caverne du Taya une quantité considérable d'ossements d'animaux, aujourd'hui perdus, parmi lesquels M. Lartet a reconnu trois espèces d'ours. Cette découverte est en plein accord avec une tradition répandue dans les tribus des Zardezas, assignant à la disparition de l'ours une date relativement récente.

« La roche calcaire dans laquelle la nature a creusé cette entrée grandiose est ornée de nombreuses plantes vivaces, où l'on remarque une fougère aux formes peu communes. Les surfaces unies des parois intérieures sont couvertes d'inscriptions latines jetées au hasard et serrées les unes contre les autres. Une grande partie des lettres disparaît sous d'épais lichens à teinte gris verdâtre. Ce sont des inscriptions votives en l'honneur d'une divinité locale, l'Auguste Bacax : *Augusto Bacaci sacrum*. Elles sont presque toutes suivies de noms de consuls; aussi connaît-on la date de chacune d'elles; elles appartiennent au troisième siècle. Les personnages qui ont accompli leurs vœux (*votum solvit animo*) appartiennent à différents ordres de fonctionnaires de Calama et de Tibilis, prêtres, magistrats, etc. Parmi les noms gravés, on remarque celui de Temarsa, qui se trouve dans nos textes libyques. C'est aussi le nom d'une ville de Tunisie. La grotte du Taya n'est plus un sanctuaire en été, les troupeaux des Beni-Amram viennent s'y reposer à l'abri de la chaleur; la nuit, ils y trouvent un refuge contre les bêtes fauves. »

Notice X

La Fête de Vénus à Babylone
et Institutions profanes et criminelles autorisées
par les lois

Dans le temps où les Mages disposaient d'une autorité souveraine, la prostitution publique des femmes à Babylone, dit Hérodote, fut non seulement autorisée par les lois, mais commandée par la religion dans une certaine fête de l'année que l'on célébrait en l'honneur de la déesse Vénus, sous le nom de *Mulitta*, dont le temple devenait par cette infâme cérémonie un lieu de débauche et d'orgie. Elle était encore très répandue, dit le prophète Baruch (6, 42 et 43), lorsque les Israélites furent menés en captivité dans cette ville, et Jérémie se crut obligé de les prémunir et de les fortifier contre un scandale si abominable.

L'inceste avec une sœur fut également autorisé par les Mages; un père même ne respectait pas sa fille, ni une mère son fils. Plutarque raconte que Parysatis, mère d'Artaxercès Mnémon, (1) s'apercevant que le roi, son fils (in *Artax.*, page 1023), avait conçu une violente passion pour une de ses propres filles nommée Alossa, lui persuada de l'épouser et d'en faire sa femme légitime, en se moquant des opinions et des lois des Grecs.

Ce fut sous le règne d'Alexandre le Grand, devenu maître de la Perse par la défaite de Darius, qu'une loi défendit expressément cette coutume abominable.

Fête Sacerdotale de la Sakty Poudja

Une cérémonie du genre de celle qui se pratiquait à Babylone en l'honneur de Vénus se célèbre encore de nos jours, chaque année, au mois de mai, dans plusieurs contrées de

---

(1) Ainsi nommé parce qu'il avait une mémoire prodigieuse (du grec *mnème*, mémoire).

l'Inde. Elle a lieu, dans la religion bouddhiste, à l'occasion de la fête sacerdotale de la Sakty Poudja, ou mystère de la fécondation universelle. Les notables indigènes ou « babous » en sont, à tour de rôle, chargés de tous les frais. Elle a lieu dans une immense crypte souterraine, creusée, sous la pagode, dans le rocher. Les plus antiques et les plus importants de ces monuments religieux où se célèbre cette fête sont les temples souterrains d'*Ellora* et des îles de *Salcette* et d'*Eléphanta*, consacrés à *Civa*, dieu dont ils contiennent des statues colossales. Ce sont des salles immenses pratiquées dans la montagne, avec de vastes galeries taillées dans le roc et soutenues par des colonnes massives et dans les parois desquelles s'ouvrent des niches destinées à recevoir les statues des dieux, ainsi que des loges pour permettre aux dignitaires étrangers d'assister, sans être vus, aux cérémonies qu'on y célèbre.

Pour la fête de la Fécondation universelle, trois brahmanes poudjarys, ou grands sacrificateurs, président; et, debout, sur un autel de granit rose dédié au Linguam, se dressent, dans toute leur esthétique nudité, les cheveux tressés avec des fleurs, trois jeunes vierges de la plus grande beauté. Ces trois vierges représentent les trois grandes déesses ou *Trinité vierge* : BRAHMY, LAKMY et SAKTY, qui conçurent les œuvres de la Trinité et produisirent le monde. L'autel est entouré d'une trentaine d'apsaras ou bayadères également nues et d'environ cent cinquante femmes choisies parmi les plus jeunes et les plus jolies de la contrée..... » Ici, nous renvoyons le lecteur, pour la suite de la célébration de cette fête, au chapitre XVIII *de Christna et le Christ*, de Louis JACCOLIOT.

« Il n'est pas rare, dit cet auteur érudit, que des femmes de la plus haute caste et d'une ravissante beauté soient, au milieu de cette fête, livrées à des étrangers qui paient de fortes sommes aux prêtres pour être introduits secrètement dans la pagode pendant la nuit. »

Notice XI

Odyssée de la Dépouille mortelle de saint Augustin

Saint Augustin ne devait pas être témoin de la destruction de sa chère « *Cité de Dieu* » et il ne devait pas avoir la douleur de la voir tomber au pouvoir des Vandales. Il mourut le 28 août 430, au milieu des horreurs du siège.

Le corps de saint Augustin, qui resta encore soixante-huit ans après la prise d'Hippone, c'est-à-dire jusqu'en 498, dans l'église de Saint-Étienne, où il avait été inhumé, ne put échapper lui-même à la persécution des successeurs de Genséric que grâce à la pieuse vigilance de Symmaque, pape alors régnant, qui le fit transporter en Sardaigne, sa patrie.

Son corps avait été renfermé dans une châsse en bois sculpté, revêtue de plomb intérieurement, et, selon la coutume de ces temps anciens, avec un voile d'une couleur éclatante, deux fioles pleines de nard et de parfums, une petite croix de bois, peut-être celle qui reposa si longtemps sur son cœur d'évêque.

Ces restes furent déposés à Cagliari, dans la basilique de Saint-Saturnin, et dans une urne ou sépulcre de marbre encore subsistant et révéré lui-même à cause de ses sacrés souvenirs. Ils y demeurèrent cent vingt-deux ans environ. Luitprand, roi des Lombards, voulant arracher ce trésor aux Sarrasins, qui ravageaient la Sardaigne, le racheta à un prix énorme et le fit transporter de Cagliari à Pavie, avec la pompe la plus magnifique, le 5 des ides d'octobre 722. Il le fit déposer, suivant l'usage consacré pour la sépulture des martyrs eux-mêmes, dans le souterrain de la basilique de Saint-Pierre-du-Ciel-d'Or, bâtie par lui à cette pieuse intention et ornée avec une magnificence royale.

Les auteurs sacrés, dont la foi robuste et la fertile imagination leur font voir des miracles dans les choses les plus naturelles, prétendent que *durant une longue suite de siècles, le puits qui était proche du sépulcre dans la basilique épanchait des eaux abondantes, chaque année, au retour de la fête de saint Augustin, inondant la cripte tout entière : on eût dit les fontaines de son génie.*

« Par la piété des rois lombards et plus tard de Charlemagne et de ses successeurs, des religieux d'ordres différents se succédèrent aussitôt, mais sans interruption, dans la basilique vénérée, chargés de veiller nuit et jour devant les dépouilles sacrées, semblables à ces lampes mystérieuses qui ne cessèrent non plus d'y brûler sans que leur flamme s'éteignît jamais. » (1)

La garde en fut d'abord confiée, jusqu'au pontificat du pape Innocent III, aux fervents disciples de saint Benoît, qui furent alors remplacés par les chanoines réguliers, auxquels furent adjoints, environ cent ans plus tard et sous le pontificat de Jean XXII, année 1326, les ermites qui portaient le nom de *Ermitæ Augustiniani.*

Les restes de saint Augustin demeurèrent ensevelis, avec les plus insignes honneurs, dans la basilique de Saint-Pierre-du-Ciel-d'Or, à Pavie, depuis le 5 octobre 722 jusqu'au premier du même mois de l'année 1695, époque où ils furent de nouveau mis à jour. Mais vint bientôt la guerre, où l'on changea en hôpital la basilique et où l'on dut transporter dans la cathédrale la châsse qui les contenait. Cette châsse était surmontée d'une arche merveilleuse, unique en son genre, que les ermites de saint Augustin avaient fait construire durant la seconde moitié du XIVe siècle, par les plus habiles artistes de l'époque. Ce travail avait exigé des dépenses énormes.

En 1743, un monument gigantesque fut élevé dans l'abside de la basilique, et l'on y transporta, dès lors, en grande pompe les précieuses reliques. Mais, dépossédés en 1786 de leur

---

(1) *Histoire des Reliques de saint Augustin,* par **M.** Beccard, chanoine honoraire d'Alger, curé de Rovigo (Algérie).

antique basilique, les religieux Augustins les emportèrent dans l'église de Gésu, qui leur donna l'hospitalité pendant treize ans. Puis, vint la Révolution pendant laquelle l'ordre des Ermites de Saint-Augustin fut aboli, et les reliques de l'évêque d'Hippone furent déposées à nouveau dans la cathédrale, pendant que l'arche, cet admirable monument d'art du moyen âge, gisait en débris dans une salle et était menacée de passer dans les mains des révolutionnaires.

En 1825, l'évêque Louis Tosi fit élever dans la cathédrale une chapelle qui reçut la châsse contenant la poussière et les ossements d'Augustin. On fit alors remplacer par une urne en cristal de roche le coffre de plomb qui tombait de vétusté et qui contenait les ossements sacrés.

Enfin, en 1841, à la suite de négociations ouvertes sur la pieuse initiative de l'évêque Dupuch, d'Alger, avec le pape Grégoire XVI, l'évêque de Pavie, le chapitre de la cathédrale et la municipalité de cette ville, les cendres de saint Augustin furent rendues à leur véritable patrie, et les reliques occupent aujourd'hui l'ancienne Hippone, que le grand docteur a tant aimée et qu'il illustra jadis par son éloquence et ses vertus.

Le 22 octobre 1842, les reliques touchaient à Toulon, au milieu du concours pieux des populations et de la pompe religieuse et militaire déployée pour cette solennité; le 28 au matin, elles pénétraient dans le port de Bône, avec sept évêques et cinquante prêtres de différents diocèses de France qui leur avaient formé cortège dans la traversée de Toulon à Bône, et, le 30, avaient lieu les cérémonies de translation des reliques dans la chapelle construite sur les ruines de l'ancienne Hippone et qui se trouve actuellement située dans le sous-sol de la basilique qui fut construite en ce point durant les dix dernières années du XIXe siècle, c'est-à-dire de 1890 à 1900.

Notice XII

Comment les anciens Philosophes concevaient la Nature
Leur Morale — L'Ecole positiviste moderne

La philosophie chez les Grecs s'est divisée en deux grandes sectes : l'une dite Ionique, fondée par Thalès; l'autre appelée Italique, établie par Pythagore.

Malgré les subdivisions dont ces sectes ont été l'objet, les divergences dans la morale enseignée par les nombreux savants qui les ont composées sont, en somme, peu sensibles, et l'on peut considérer que la plupart de ces philosophes se sont inspirés d'une façon générale des sentiments et des conceptions des fondateurs de ces deux sectes. Epicure lui-même, avec sa physique des atomes, au moyen de laquelle l'admirable poète Lucrèce explique, dans *De Rerum Natura*, la formation du monde par le seul mouvement des atomes, avait emprunté son système à Démocrite qui lui-même le tenait de Pythagore. (1)

Comme pour les mathématiques, où il s'est rendu si célèbre après Thalès, (2) dont les progrès qu'il fit faire dans la science et les découvertes astronomiques le firent mettre au nombre des sept sages de la Grèce, Pythagore professait un véritable culte pour la musique. Il prétendait que le monde avait été formé par une sorte d'harmonie, que la lyre a depuis imitée, attribuant des sons particuliers au mouvement des astres qui roulent dans l'espace. (3) Il préconisait très judicieu-

---

(1) Né à Samos, 564 av. J.-C.

(2) Les maîtres de Memphis apprirent de lui le moyen de mesurer exactement les Pyramides (Diogène Laërce). On lui attribue également la gloire d'avoir fait plusieurs découvertes importantes en astronomie, entre autres la détermination du diamètre du soleil par rapport à l'elliptique de son mouvement annuel et, ce qui en était pour ainsi dire le corollaire, la prédiction des éclipses du soleil et de la lune (Apulée).

(3) Ce sont vraisemblablement ces mêmes sentiments qui ont inspiré Pierre Dupont lorsqu'il composa son admirable chanson intitulée *la Musique*.

sement pour les jeunes gens l'étude de la géométrie et des mathématiques en général, disant que cette étude, par la rigueur même du raisonnement qu'elle exige, ouvrait l'esprit, l'amenait à ne rien admettre sans preuve et le disposait à l'étude des grandes vérités.

Après avoir visité les prêtres de l'Egypte, les astronomes de la Chaldée et les brahmes de l'Inde, il vint se fixer à Crotone, où, dans la maison même du fameux athlète Milon, il enseigna la philosophie. C'est de là que partit la secte Italique dont il fut le fondateur et qui fut si remarquable par sa profonde connaissance de la nature, par sa sagesse et ses vertus.

Il s'attacha avec passion à instruire et à moraliser les particuliers, parlant aux hommes séparément de leurs parents. Mais là ne se borna pas son zèle pour le bien public ; il s'adressa aux grands et aux rois, convaincu que c'était travailler au bonheur et à la réforme des peuples entiers que d'inspirer aux premiers magistrats et aux princes des principes d'honneur, de probité, de justice et d'amour du bien public. Il répétait souvent qu'il y avait cinq grands ennemis auxquels il ne fallait cesser de faire une guerre acharnée : *les maladies du corps, l'ignorance de l'esprit, les passions du cœur, les séditions des villes et la discorde des familles.*

Comme Fôt ou Bouddha, fondateur de la religion bouddhiste, mille ans avant J.-C., il voyait dans la nature une âme universelle répandue dans tous les êtres et dont les âmes humaines sont tirées, et, pour consacrer sans doute les principes de sa morale dans l'esprit des masses, qui n'eussent point compris sa haute philosophie, il érigea en principe le dogme de la métempsycose, qu'il emprunta du reste aux Egyptiens et aux brahmes.

On sait qu'à son lit de mort Bouddha avait révélé à ses disciples sa *doctrine intérieure*, (1) doctrine dont il semble d'autant plus nécessaire de donner la traduction, qu'elle n'a rien de commun avec les doctrines de la religion bouddhiste dont

_____
(1) Voir *Les Ruines*, ch. XXI, par Volnez.

il fut le fondateur et que, de plus, elle nous paraît constituer la base sur laquelle repose la morale de la plupart des philosophes.

Doctrine Intérieure de Bouddha Goutama

« De même que l'âme, leur a-t-il dit, n'est que « le Principe vital » qui résulte des *propriétés de la matière* et du jeu des corps où ils créent un mouvement spontané, de même *Dieu* n'est que *le Principe moteur, que la force occulte répandue dans les êtres*, que le « Principe animant », en un mot *l'Ame de l'univers*, laquelle, à raison de l'infinie variété de ses rapports et de ses opérations, considérée tantôt comme *simple*, tantôt comme *multiple* et tantôt comme *passive*, a toujours présenté à l'esprit humain une *énigme insoluble*. Tout ce qu'il peut y comprendre de plus clair, c'est que la matière ne périt point, qu'elle possède essentiellement des propriétés par lesquelles le monde est régi comme un être vivant et organisé, que la connaissance de ces lois par rapport à l'homme est ce qui constitue la sagesse ; que la *vertu* et le *mérite* résident dans leur observation, et le *mal*, le *péché*, le *vice* dans leur ignorance et leur infraction ; que le *bonheur* et le *malheur en sont le résultat*, par la même nécessité qui fait que les *choses pesantes descendent*, que les *légères s'élèvent*, et par une fatalité de causes et d'effets dont la chaîne monte depuis le dernier atome jusqu'aux astres les plus élevés. »

En résumé, à part quelques philosophes comme Platon, surnommé *le Divin* et qui croyait à l'immortalité de l'âme, les Socrate, (1) les Démocrite, les Anaxagore, les Empédocle et, en général, tous les philosophes de la secte dite « Académie Nouvelle » dont Cicéron se déclara l'apôtre et se fit le défenseur, ne concevaient pas le monde autrement. Mais ils avaient

(1) Socrate, dit Cicéron, fut le premier qui tira la philosophie du ciel, qui l'établit dans les villes, qui l'introduisit dans les maisons particulières et qui l'obligea à tourner ses recherches sur ce qui regarde les mœurs, les devoirs de la vie, les vertus et les vices.

parfaitement compris qu'une telle philosophie ne pouvait servir de guide qu'aux âmes d'élite et était absolument insuffisante pour inculquer aux masses l'amour du bien.

Aussi bien, devant l'énigme impénétrable où toutes leurs connaissances venaient échouer, ils eurent du moins la modestie, le bon sens, la sagesse d'avouer leur ignorance et de convenir qu'on ne pouvait rien connaître avec certitude, pas même ce que Socrate s'était réservé en disant : « *Je ne sais qu'une chose, qui est que je ne sais rien.* »

Doctrine des Matérialistes actuels

Moins modeste est l'attitude des matérialistes qui se réclament de l'École positiviste moderne : n'admettant pas qu'il y ait une conscience dans l'univers, ils affirment prétentieusement que tout n'est que matière et prétendent pouvoir pénétrer les secrets de la nature par la seule puissance du cerveau et l'analyse des éléments.

Sans doute, les progrès réalisés dans le domaine scientifique : astronomie, chimie, physique, etc., sont immenses. Cependant, même dans ce domaine, ne sont-ils pas obligés de reconnaître eux-mêmes qu'ils disposent encore de bien faibles moyens ? Que plus ils en reculent les bornes, plus ils voient surgir devant eux d'obstacles et découvrent dans l'univers de forces qu'ils ne soupçonnaient pas la veille et dont ils ne peuvent expliquer ni la nature ni le mode d'action ?

C'est ainsi que, dans *l'Evolution de la matière*, Gustave Lebon écrit :

« *Toute substance — les corps pondérables ainsi que les corps impondérables, comme l'éther — est soumise à l'action permanente des forces immuables, éternelles, dont il est impossible d'analyser la nature et le mode d'action* », et que « *les changements observés dans les astres au moyen du spectroscope démontrent d'une façon irrécusable que ces forces, qui ont agi de toute éternité, sont capables de condenser une partie de l'éther qui remplit l'univers en atomes d'un gaz quel-*

*conque, **tel que l'hydrogène et l'hélium, puis de transformer ces gaz en substances comme le sodium, le plomb, l'or** », etc., etc.*

Exception faite des termes de chimie, inconnue des anciens, ces messieurs disent-ils, ou plutôt, prouvent-ils autre chose en somme que ce que Bouddha et Pythagore eux-mêmes proclamaient près de 3.000 ans avant eux, à savoir : la loi de « l'évolution de la matière », qu'ils semblent considérer comme leur propre découverte ? Mais quelles sont ces forces dont on ne peut analyser la nature et le mode d'action ? Voilà ce qu'il faudrait nous dire.

Oui, quelles sont ces forces admirables qui créent l'harmonie dans l'univers ? qui ont donné naissance à cette infinité de prototypes mâles et femelles (depuis les plantes et les êtres les plus infimes jusqu'aux fleurs à la fois les plus belles et les plus odoriférantes, jusqu'aux cèdres géants et jusqu'à l'homme), autant de chefs-d'œuvre qui, tous, possèdent cette affinité, cet instinct, cet amour, ce *je ne sais quoi d'irrésistible* qui les pousse à s'unir, à s'accoupler pour perpétuer l'œuvre de la nature, pour la reproduire indéfiniment, tout en lui faisant subir, par la sélection, des modifications sans fin, qui semblent, de par la loi du progrès, l'acheminement lent sans doute, mais constant vers le mieux, vers l'idéal, vers la perfection ?

Quelles sont enfin ces forces qui, lors de la fécondation des œufs d'animaux et de végétaux, poussent irrésistiblement le spermatozoïde vivant à pénétrer dans l'ovule, qui font que deux atomes d'hydrogène et un d'oxygène s'unissent pour former une molécule d'eau ?

Est-ce une force aveugle ou l'esprit qui agite la matière, le *mens agitat molem* (1) de Camille Flammarion ?

Quoi qu'en puissent dire les matérialistes les plus convaincus, c'est toujours, à notre humble avis, la même énigme

____

(1) Voir *Dieu dans la Nature.*

qui se dresse, inanalysable, impénétrable, devant le chétif cerveau humain.

CONCLUSION

Deux conclusions découlent de ce qui précède :

La première, c'est que les affirmations des savants matérialistes purs ne sont nullement fondées, les affirmations n'étant pas des preuves, et toutes les analyses chimiques du monde ne pouvant démontrer autre chose que la nature des éléments dont les corps sont composés, ce qui prouve indubitablement qu'ils ne savent rien de plus que les anciens philosophes susvisés.

La seconde conclusion, c'est qu'on peut établir et enseigner une morale excellente exclusivement basée sur le bon sens et la raison, avec les seules doctrines de ces philosophes et notamment avec la *doctrine intérieure de Bouddha Goutama*, qui voit dans la Nature une Conscience universelle immuable qu'il est convenu d'appeler Dieu et qui fut celui de Victor Hugo. (1)

Comment ne pas admirer, en effet, ces philosophes païens qui se sont succédé en Grèce pendant quatre siècles ! Combien, à notre époque, comptons-nous d'hommes aussi désintéressés, possédant au même degré, à quelque religion qu'ils appartiennent, l'amour du bien, du beau, de la vérité, de la justice et de l'humanité ?

Suivant Camille Flammarion, (2) « *leurs contemporains, aussi bien que les Perses de l'antique Asie ou les Incas de l'Amérique primitive, aux fêtes solaires si pompeuses, étaient plus près de la Vérité pure que la civilisation moderne* ».

Les quelques préceptes qui suivent, extraits du livre célèbre *Les Pensées*, que nous a laissé Marc-Aurèle, ainsi que quelques sentences d'Epictète conservées par Stobée, permettront au lecteur d'être fixé sur ce point.

(1) Lire dans l'*Année terrible :* « A l'évêque qui m'appelle athée », chap. IX, page 53 (édition illustrée).
(2) Voir la Notice XIII.

1° Maximes de Marc-Aurèle :

« La vie est courte, le seul fruit de la vie terrestre est de se maintenir dans une disposition sans cesse portée au bien et de faire des actions utiles à la société. »

« Conserve-toi simple, bon, pur, grave, ennemi du faste, ami de la justice, bienveillant, humain, ferme dans la pratique de tes devoirs. »

« Aime les hommes d'un amour véritable : c'est se faire du bien à soi-même que d'en faire aux autres. »

« L'homme qui vient de faire le bien doit aussitôt passer à une autre action, comme la vigne qui se prépare à porter d'autres raisins encore dans la saison. »

« Que toutes tes paroles aient l'accent de la vérité. »

« La fausse modestie est la forme la plus insupportable de l'orgueil. »

« Ce qui n'est point utile à la ruche n'est pas non plus utile à l'abeille. »

« Il y a mille circonstances dont il faut s'informer pour prononcer sur les actions d'autrui. »

2° Sentences d'Epictète :

« Il ne dépend pas de toi d'être riche, mais il dépend de toi d'être heureux. Les richesses mêmes ne sont pas toujours un bien, et certainement elles sont toujours de peu de durée ; mais le bonheur qui vient de la sagesse dure toujours. »

« Quand tu vois une vipère ou un serpent dans une boîte d'or, l'en estimes-tu davantage ? et n'as-tu pas toujours pour elle la même horreur à cause de sa nature malfaisante et venimeuse ? Fais de même à l'égard du méchant quand tu le vois entouré d'éclat et de richesse. »

« Le soleil n'attend pas qu'on le prie pour faire part de sa lumière et de sa chaleur. A son exemple, fais tout le bien qui dépend de toi sans attendre qu'on te le demande. »

Les maximes des autres philosophes précités ne sont pas moins admirables. Franchement, un chrétien a-t-il jamais dicté des conseils empreints d'un amour plus sincère de l'humanité ?

Notice XIII

La vraie Doctrine du Christ

A l'appui de l'opinion émise par Camille Flammarion au sujet du culte, il n'est pas sans intérêt de faire connaître également celle de J. de Tallenay. Voici ce qu'elle écrit dans *Vivia Perpetua :* (1)

« Les Galiléens qui, sous le règne de Septime-Sévère, adhéraient à la secte Essénienne, à laquelle avait appartenu le Messie, disciples directs des apôtres dont leurs aïeux avaient entendu la parole, s'en tenaient avec rigidité à cette seule tradition, se bornaient à en suivre, dans l'ordonnance de leur vie, la doctrine, et ne cessaient de protester contre l'édifice érigé par les successeurs de Pierre. Montan, (2) pour eux, était un imposteur ; Quinctus Florus Tertullien, un égaré ; l'Eglise, une conception abaissée au niveau humain et faussée du sens divin primitif. Leur simplicité d'ignorants trouvait la morale du Maître juste, facile et douce à pratiquer, complète en elle-même. Ils s'en nourrissaient, y puisaient la sagesse, la sérénité, la science totale des rapports d'homme à homme et ne concevaient pas qu'en moins de cent cinquante années cette morale, dont l'essence était l'amour, fût devenue le culte agité, hérissé de dialectiques et de controverses, de règles, d'interdictions, auquel ils assistaient, pleins d'un douloureux étonnement.

« Trop dévoués à la cause pour provoquer des perturbations, ils témoignaient pourtant de leur dissidence par des silences et par des abstentions. Vêtus de blanc, cheveux épars, comme le Christ, ils vivaient selon ses formules propres et

(1) *Vivia Perpetua*, ch. V, p. 189, par J. DE TALLENAY, Alphonse Lemerre, éditeur, passage Choiseul, Paris.

(2) **Montan** est né en **Phrygie**, dans ce foyer de fanatisme où se sont développés les cultes retentissants des Corybantes et de ces prêtres eunuques, les Galles. Sa doctrine, suivant l'évêque Optatus, était une doctrine d'anarchie.

celles de Pythagore, en s'éloignant de l'enseignement dogmatique des évêques. Tertullien, maintes fois, avait tenté l'assaut de ces croyances trop libres : en vain ! Maintenant, il n'osait plus. La sainteté de ces adolescents, la grâce enfantine de leurs manières, la spiritualité adhérente à toute leur personne, le respect dont on les environnait comme descendants de ceux qui avaient approché Jésus, lui interdisaient, par prudence, d'engager la lutte. Confusément, sans se l'avouer, il sentait qu'ils étaient plus forts que lui, et leur pureté, toute d'âme, supérieure à la sienne. »

Ce n'était plus l'apôtre du Christ aux paroles de mansuétude, de charité et de pardon ; c'était, dans son génie étroit, une sorte de Loyola, un sectaire dont l'esprit et l'orgueil étouffaient le cœur, et qui ne concevait l'Eglise qu'avec son intolérance, ses dogmes, ses échafaudages compliqués, les secrets de ses rouages, sa péremptoire infaillibilité, sa politique, la séduction savante de ses façades.

NOTICE XIV

Mathô

A l'issue de la première guerre punique qui dura vingt-quatre ans sans interruption (264-241) et célèbre par les noms d'Amilcar Barca (père d'Annibal) et de Régulus, Amilcar venait de signer, au nom de Carthage, le traité de paix qui obligeait cette République à évacuer la Sicile et les îles voisines, à rendre sans rançon tous les prisonniers et à racheter les siens, à payer aux Romains en dix ans trois mille deux cents talents euboïques, soit dix-huit millions de notre monnaie actuelle, qui en vaudraient cent et probablement davantage aujourd'hui. Puis, ayant conduit dans la Lilybée ses troupes qui étaient à Eryx, il déposa le commandement et laissa à Giscon, gouverneur de la place, le soin de faire passer les troupes en Afrique. Celui-ci, comme s'il eût prévu ce qui devait arriver, ne les fit pas partir toutes ensemble et ne les envoya que par

petits paquets et par bandes, afin que les premiers étant payés
de ce qui leur était dû pour leur solde, on pût les renvoyer
chez eux avant l'arrivée des autres. Malheureusement, Carthage n'agit pas avec la même circonspection. Comme l'Etat
était épuisé par les dépenses d'une longue guerre et par la
somme de près de trois millions qu'il avait fallu payer comp-
tant aux Romains en signant le traité de paix, on ne paya pas
les troupes au fur et à mesure qu'elles arrivaient, et l'on crut
devoir attendre les autres dans l'espérance d'obtenir d'elles,
lorsqu'elles seraient toutes ensemble, une remise de la paie
qui leur était due.

Cette République de négociants n'avait de considération
que pour l'argent et trouvait, par suite, tout naturel de mar-
chander le sang des troupes comme tout le reste, sans recon-
naissance pour les secours qu'elle en avait reçus.

Ces troupes étaient un mélange confus de toutes les nations : il y avait des Espagnols, des Gaulois, des Sardes, des
Corses, des Liguriens, des habitants des îles Baléares (îles
Majorque et Minorque), des Grecs, des Thraces, la plupart
transfuges ou esclaves, et notamment un grand nombre d'A-
fricains, tous avides et turbulents.

Réunis à Sicca (Le Kef), ils réclamèrent les sommes pro-
mises pour leur enrôlement, la valeur de leurs armes, leur
nourriture, celle de leurs femmes et de leurs enfants.

Au lieu de satisfaire à leurs réclamations, les marchands
de Carthage proposèrent, soi-disant pour ménager les res-
sources de la République, de leur retenir une partie de leur
solde. L'armée se révolta, soulevée par le Campanien Spendius et par l'Africain Mathô. Toutes les villes alliées ou sujet-
tes se soulevèrent sur leur passage, et ils entrèrent triomphants à Tunis au nombre de 70.000. L'une de leurs armées
fut entièrement exterminée dans le défilé de la Hache, derrière le Bou-Kornine, par Amilcar ; l'autre, peu de temps
après, subit le même sort dans la bataille que livra à Amilcar
le redoutable Mathô, auquel son vainqueur fit expier dans les
tourments la peur qu'il lui avait longtemps inspirée.

Pendant plus de deux ans, l'existence de Carthage avait été mise en péril par cette révolte des mercenaires (241-239) qu'on est convenu d'appeler « guerre inexpiable ». (Lire *Salammbô*, de Gustave Flaubert.)

Nota. — Au Salon de 1910, dans le tableau de Charpentier représentant le repas des mercenaires dans les jardins d'Amilcar, Mathô et Salammbô figurent au premier plan, éclairés par la lumière des torches, dont l'effet est prestigieux. Cette peinture, d'une exécution magistrale, fut d'ailleurs primée par le Jury, ce qui valut au jeune maître sa seconde médaille et l'honneur d'être classé « hors concours » au Salon.

Notice XV

Départ d'Annibal pour l'Italie
Itinéraire

Annibal partit de Carthagène au printemps de l'année 218 av. J.-C. Il planta ses étendards dans les plaines du Pô, après cinq mois et demi de traversée. Suivant le calcul de Polybe (liv. III, p. 192 et 193), il avait parcouru un espace de 400 lieues environ, réparties comme suit :

	Stades	Lieues
1° De Carthagène à l'Ebre..............	2.200	110
2° De l'Ebre jusqu'à Emporium, petite ville maritime qui sépare l'Espagne des Gaules	1.600	80
3° D'Emporium au passage du Rhône..	1.600	80
4° Du passage du Rhône aux Alpes......	1.400	70
5° Des Alpes aux plaines du Pô	1.200	60
Totaux	8.000	400

Notice XVI

Le Tessin

Ce fut le premier combat qu'il livra en Italie (218 av. J.-C.) au consul Publius Scipion, dont l'armée dut prendre la fuite. Auparavant, toutefois, il avait eu soin de s'emparer de Turin qui avait refusé de faire alliance avec lui, faisant passer au fil de l'épée tous ceux qui lui avaient été opposés. Cette expédition jeta la terreur parmi les Barbares, qui vinrent d'eux-mêmes se rendre à discrétion.

Dans ce combat du Tessin, Scipion fut dangereusement blessé, et il dut la vie au courage de son fils, qui le tira des mains des ennemis ; ce jeune homme n'avait alors que dix-sept ans. C'est lui qui mérita, dans la suite, le surnom d' « Africain » pour avoir terminé glorieusement cette guerre. Aussitôt après la journée du Tessin, les Gaulois vinrent tous se rendre à Annibal, lui fournirent des vivres et s'empressèrent à prendre parti dans ses troupes.

Notice XVII

La Trébie

La Trébie est une petite rivière de la Lombardie qui se jette dans le Pô un peu au-dessus de Plaisance, où le consul Sempronius, revenu de Sicile à Rimimi, sur les ordres du Sénat, joignit ses troupes à celles de Scipion (décembre 218 av.J.-C.). La victoire fut complète du côté des Carthaginois et la perte peu considérable ; sur 40.000 hommes dont se composait l'armée romaine, il n'y eut qu'un corps de 10.000 hommes qui, s'étant fait jour à travers des Gaulois et des Africains, échappa au carnage.

Notice XVIII

Trasimène

Pour aller rejoindre le consul C. Flaminius, envoyé par le Sénat à Arezzo, Annibal dut traverser, pendant quatre jours et trois nuits, des lieux marécageux et très insalubres, les marais de Minturnes, aujourd'hui Trajetta, ville du Latium; les veilles continuelles, jointes aux émanations délétères qui s'en exhalaient et à l'intempérie de la saison eurent une influence si pernicieuse sur sa santé qu'à la suite de cette circonstance il perdit un œil. C. Flaminius alla donner aveuglément dans une embuscade que le rusé Carthaginois lui avait tendue dans un défilé fort serré que forment les montagnes de Cortone et le lac de Trasimène (217 av. J.-C.). Dans cette bataille, l'acharnement fut si grand dans les deux armées que personne ne sentit un tremblement de terre qui survint dans cette contrée et qui renversa des villes entières. Dans cette confusion, le consul ayant été tué par un cavalier gaulois insubrien, les Romains commencèrent à plier et prirent ensuite ouvertement la fuite. 6.000 s'ouvrirent un passage à travers les vainqueurs, mais ils furent arrêtés et faits prisonniers le lendemain. 15.000 Romains furent tués dans cette bataille; 10.000 se rendirent à Rome par divers chemins pour aller annoncer la nouvelle de leur défaite. Annibal ne perdit que 1.500 hommes.

Notice XIX

Cannes

Paul-Emile, ses deux questeurs, 80 sénateurs, 21 tribuns légionnaires et 70.000 soldats périrent du côté des Romains (216 av. J.-C.). Annibal fut obligé de cesser le carnage, et il fit de 10 à 13.000 prisonniers. Varron, l'auteur de la défaite, se sauva à Venouse avec 370 cavaliers. La journée de Cannes soumit à Annibal les plus puissants peuples de l'Italie, attira dans son parti ceux de la grande Grèce avec la ville de Tarente et détacha des Romains leurs plus anciens alliés, parmi lesquels Capoue tenait le premier rang.

Notice XX

Syracuse

Gracchus, qui commandait une armée d'esclaves, repousse Annibal à Cumes et bat Hannon à Bénévent.

Syracuse, par la force de ses murailles comme par sa position avantageuse, semblait inexpugnable ; elle était d'ailleurs fort bien défendue. Archimède avait couvert les murs de machines de son invention qui lançaient au loin d'énormes quartiers de rocs. Si les vaisseaux romains approchaient des remparts, une main de fer les saisissait, les enlevait et les laissait retomber avec fracas au fond de la mer où ils s'abîmaient. S'ils se tenaient au large, des miroirs ardents y portaient l'incendie. La prise de Syracuse eut lieu, comme il est dit, par surprise (212 av. J.-C.).

Notice XXI

Capoue

Capoue était une ville que la bonté de son territoire, sa situation avantageuse et la longue paix dont elle jouissait avait rendue fort riche et fort puissante. Le luxe et les délices qui sont une suite ordinaire de l'opulence avaient corrompu l'esprit de tous ses citoyens, déjà portés par leur inclination naturelle au plaisir et à la débauche. Ce fut là, selon Tite-Live, que l'armée d'Annibal, qui avait accompli les plus grands travaux et bravé les périls les plus affreux sans y succomber, fut vaincue par l'abondance et les délices dans lesquels elle se plongea avec d'autant plus d'avidité qu'elle n'y était pas accoutumée. Leurs courages s'amollirent si fort pendant ce séjour que s'ils se soutinrent encore quelque temps, ce fut plutôt par l'éclat de leurs victoires passées que par leurs forces présentes. Quand Annibal fit sortir ses soldats de cette ville, on eût dit que c'étaient d'autres hommes tout différents de ce qu'ils avaient été jusque-là. Tite-Live prétend enfin que le séjour de Capoue est, dans la vie d'Annibal, une grande tache et qu'en cela il fit une faute incomparablement plus grande que lorsque, après la bataille de Cannes, il manqua d'aller à Rome, car ce délai, dit-il, pouvait paraître seulement avoir différé la victoire, au lieu que cette dernière faute le mit absolument hors d'état de vaincre.

Quoi qu'en dise cet historien, on a de la peine à se persuader, dit Rollin, qu'il faille attribuer le peu de progrès qu'eurent les armes d'Annibal, dans la suite, au séjour de Capoue. C'en est probablement une cause, mais la moins considérable, et la bravoure avec laquelle ses troupes battirent, depuis ce temps, des consuls et des préteurs, prirent des villes à la vue des Romains, maintinrent leurs conquêtes et restèrent encore quatorze ans en Italie sans en pouvoir être chassés, tout cela porte assez à croire que Tite-Live exagère les pernicieux effets des délices de Capoue. La chute d'Annibal n'a pas d'autre cause — et c'est d'ailleurs l'opinion de Polybe — que le défaut de recrues et de secours de la part de sa patrie, dont l'ingratitude et l'avarice sans nom n'ont pas d'excuse dans la circonstance. (211 av. J.-C.)

Notice XXII

Le Métaure

Avec 7.000 de ses hommes d'élite, Néron quitta son camp sans qu'Annibal s'en doutât, traversa toute l'Italie centrale en six jours, rejoignit, à la faveur de la nuit, son collègue le consul Livius sur les bords du Métaure, où un corps carthaginois, sous les ordres d'Asdrubal, fut massacré. (207 av. J.-C.)

Suivant Tite-Live (liv. XXVII, p. 293), il y eut plus d'éléphants tués par leurs conducteurs, à cette bataille, que par l'ennemi. Armés d'un ciseau et d'un maillet, dès qu'ils voyaient ces animaux entrer en fureur et se ruer sur les rangs carthaginois, ils leur enfonçaient de toute leur force le ciseau entre les deux oreilles, à l'endroit où le cou se joint à la tête. C'était là le moyen le plus prompt qu'on avait trouvé pour abattre ces masses énormes lorsqu'il n'y avait plus possibilité de les diriger ; Asdrubal en était l'inventeur.

Voyant la victoire se déclarer pour l'ennemi, ce général ne voulut pas survivre à cette foule de guerriers qui l'avaient suivi sur le bruit de son nom; il poussa son coursier au milieu d'une cohorte romaine, et là, digne fils d'Amilcar, digne frère d'Annibal, il périt les armes à la main.

Notice XXIII

Syphax

L'alliance que Scipion avait contractée naguère avec Syphax, lors de la visite qu'il lui fit en Afrique, en compagnie du général carthaginois Asdrubal, qu'il venait de battre en Espagne, n'empêcha point le roi numide d'en contracter une nouvelle avec ce dernier. Comprenant toute l'importance que pourrait avoir pour Carthage l'appui de ce prince, Asdrubal n'avait pas manqué, de son côté, lors de cette visite, d'envisager la nécessité de cette alliance avec Syphax, et, pour pouvoir la contracter plus sûrement (car il n'ignorait pas, dit Tite-Live, la fragilité des serments de ces barbares dont la foi dépend de la fortune), il l'avait entretenu, dès cette époque, d'un mariage possible avec sa fille, Sophonisbe, à laquelle, quelques années plus tard, l'amour de Masinissa devait être si fatal. Or, le moment était venu de réaliser au plus tôt cette alliance ; c'était, en effet, l'époque où Scipion, déjà en Sicile, s'apprêtait à s'embarquer pour l'Afrique avec toute son armée pour attaquer Carthage. Asdrubal ne perdit point de temps ; il se rendit aussitôt chez Syphax et, s'apercevant que ce prince, ardent et passionné comme tous les Numides, était vivement épris, il fit venir de Carthage la jeune fiancée et hâta le moment des noces. Syphax, reconnaissant, voulut sceller par une alliance publique son union particulière : les Carthaginois et le roi numide se jurèrent donc réciproquement qu'ils auraient les mêmes amis et les mêmes ennemis.

Tous ces arrangements et dispositions préventifs furent superflus : vaincu par Masinissa et Scipion, Syphax fut fait prisonnier par Masinissa, qui lui prit son royaume et sa femme. Lélius l'emmena prisonnier à Rome, où il mourut assez à temps pour ne pas orner le triomphe de Scipion (203 av. J.-C.). Il avait été enterré aux frais du public. Tite-Live ajoute toutefois (liv. XXX, p. 563) que Polybe, dont le témoignage n'est certainement pas à dédaigner, rapporte que Syphax orna le triomphe de Scipion.

Notice XXIV

Annibal Préteur

Depuis la conclusion de la paix, Carthage avait nommé Annibal préteur. En cette qualité, il eut le courage d'entreprendre la réforme des abus qui régnaient dans l'administration de la justice et dans le maniement des finances de la République.

Tite-Live cite, à ce propos (liv. I, p. 330, 46 et 47), le cas d'un questeur qui, ayant été invité à se rendre chez Annibal pour avoir abusé de son pouvoir, refusa insolemment d'obéir. Annibal, n'étant pas homme à souffrir pareille injure, le fit saisir par un licteur et le traduisit devant le Peuple. Là, il ne se borna pas à dévoiler les abus d'autorité de cet officier, il accusa l'ordre entier des Juges d'exercer impunément les concussions les plus criantes. Il montra qu'ils étaient autant de petits tyrans qui disposaient à leur gré des biens et de la vie des citoyens, sans qu'il fût possible de se mettre à l'abri de leurs violences, parce que leurs charges étaient à vie et qu'ils se soutenaient mutuellement. Il dévoila au Peuple les vols et les rapines des fermiers généraux, accoutumés jusque-là à s'engraisser des deniers publics. Fort applaudi par le Peuple, Annibal fit passer une loi qui ordonnait qu'on choisirait tous les ans de nouveaux Juges. Il apporta également de grandes réformes dans les finances. Mais il s'attira par ces réformes l'animosité de l'ancienne faction, qui lui était opposée, et la haine du plus grand nombre des puissants et des nobles. Ses ennemis écrivirent à Rome qu'il avait de secrètes intelligences avec Antiochus III, dit le Grand, roi de Syrie. Rome nomma trois commissaires qui

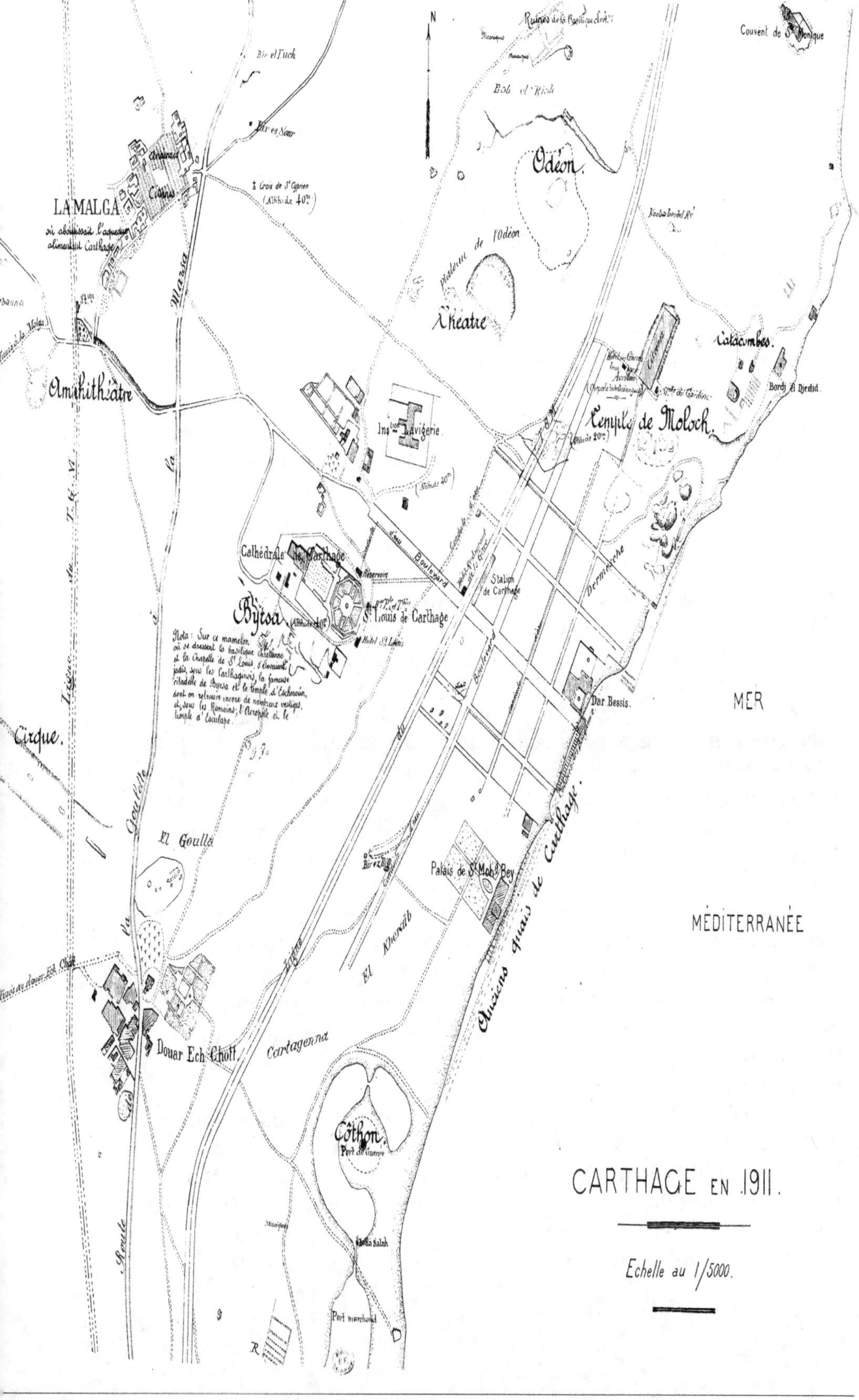

N
Couvent de S.te Monique
Ruines de la Basilique chrét.
Bir el Yuch
Bob el Rich
LA MALGA
où aboutissait l'aqueduc alimentant Carthage
Bir es Sour
Croix de S.t Cyprien (Altitude 40.m)
Odéon.
Plateau de l'Odéon
Koubba bentel Re
Citernes
Théâtre
Catacombes
Amphithéâtre
Ins.t Lavigerie
Temple de Moloch (Altitude 20.m)
Bordj El Djedid
Porte du Gardien
Cathédrale de Carthage
Réservoir
Station de Carthage
Byrsa (Altitude 40.m)
S.t Louis de Carthage
Derméche
Nota: Sur ce mamelon où se dressent la basilique chrétienne et la chapelle de S.t Louis s'élevaient jadis, sous les Carthaginois, la fameuse citadelle de Byrsa et le temple d'Eschmoûn, dont on retrouve encore de nombreux vestiges; et, sous les Romains, l'Acropole et le temple d'Esculape.
Hôtel S.t Louis
Dar Bessis.
MER
Cirque.
El Goulli
MÉDITERRANÉE
Bir ez Zitoun
Palais de S.t Moh.d Bey
Anciens quais de Carthage
El Kherib
Douar Ech Chott
Cartagenna
Côthon Port de Guerre
Sidia Salah
Port marchand
CARTHAGE EN 1911.
Echelle au 1/5000.

étaient chargés de se rendre à Carthage pour demander qu'on leur livrât Annibal. C'est alors que, prévenu à temps, il put se sauver sur un vaisseau qu'il avait fait préparer secrètement, déplorant le sort de sa patrie encore plus que le sien. C'était la huitième année depuis la conclusion de la paix.

Il se rendit à la cour d'Antiochus. Mais, influencé par ses courtisans, ce roi ne jugea pas à propos de porter en Italie la guerre contre les Romains, ainsi que le lui avait conseillé Annibal. Il fut vaincu par ces derniers et mis dans l'obligation de signer une paix honteuse, dont une des conditions fut qu'il livrerait Annibal aux Romains. Celui-ci ne lui en laissa pas le temps et alla chercher un asile chez Prusias, roi de Bithynie (188 av. J.-C.). Ce prince, entrant bientôt en guerre contre Eumène, roi de Pergame, ami déclaré des Romains, remporta, grâce à l'intervention d'Annibal, plusieurs victoires tant sur terre que sur mer. Mais les Romains ne laissèrent pas longtemps Annibal en repos chez ce roi. Ils députèrent Quintus Flaminius vers ce dernier pour se plaindre de ce qu'il lui donnait une retraite. Annibal devina aisément le motif de cette ambassade, et il n'attendit pas qu'on le livrât à ses ennemis. Il essaya d'abord de se sauver par la fuite; mais il s'aperçut que les sept issues secrètes qu'il avait fait préparer à son palais étaient occupées par les soldats de Prusias, qui, pour faire sa cour aux Romains, avait eu la lâcheté de trahir son ami et son hôte. Après avoir reproché aux Romains combien ils avaient dégénéré et à Prusias son ingratitude et son sacrilège, il s'empoisonna en disant : « *Délivrons les Romains de leur terreur* ». Il avait soixante-dix ans (186 av. J.-C.).

Cette année fut célèbre par la mort de trois grands hommes : Annibal, Philopœmen et Scipion, qui eurent cela de commun qu'ils terminèrent tous trois leur vie hors de leur patrie, par un genre de mort qui répondait peu à la gloire de leurs actions. Les deux premiers périrent par le poison ; Scipion se condamna à un exil volontaire, pour éviter une accusation injuste qu'on lui intentait à Rome; il mourut dans une sorte d'obscurité. (*Histoire ancienne*, t. Ier, liv. II, p. 215, Rollin.)

Notice XXV

Scipion Emilien

Scipion Emilien était le propre fils du fameux Paul-Emile le Macédonien (voir Plutarque) qui vainquit Persée, dernier roi de Macédoine, et qui était le second des deux enfants mâles que ce consul romain avait eus de sa première femme Papiria, qu'il répudia. De sa seconde femme, il eut deux autres enfants qu'il garda dans sa maison. Il fit passer, par adoption, les enfants de Papiria dans les premières et les plus illustres maisons de Rome. Ayant été adopté par le fils de Scipion l'Africain qui avait épousé Emilie, fille de Paul-Emile le père, tué à la bataille de Cannes, Scipion Emilien se trouvait donc être, de ce fait, le cousin de son père adoptif. Il était nécessaire, pour l'intelligence des faits, de faire cette distinction des enfants de Paul-Emile.

Scipion Emilien réunissait, aux mœurs pures de son véritable père, le caractère de son aïeul adoptif et possédait toutes les grandes qualités qui peuvent illustrer la robe et l'épée. Il se distingua particulièrement par un goût exquis pour les belles-lettres et pour toutes sortes de sciences, et par l'estime sincère qu'il faisait des personnes lettrées et savantes. Il avait toujours entre les mains des ouvrages de Xénophon, si pleins d'instructions solides soit pour la guerre, soit pour la politique. C'est ainsi qu'on lui attribuait les comédies de Térence, alors qu'il n'avait sans doute été que le collaborateur de ce poète latin. On admet généralement que ces comédies, imitées du grec et surtout de Ménandre, sont les œuvres les plus achevées que Rome ait jamais produites pour l'élégance et la finesse. L'union intime

de Scipion avec Polybe acheva de perfectionner en lui les
rares qualités qu'un heureux naturel et l'excellente éduca-
tion que Paul-Emile lui avait donnée y faisaient déjà admirer. Pendant les cinq années qu'il fut à l'école de Polybe, il
sut admirablement profiter des leçons qu'il y recevait. Il
avait conçu une aversion extrême pour ces plaisirs également dangereux et honteux auxquels s'abandonnait la jeu-
nesse romaine. Il possédait à un degré éminent la généro-
sité, le noble désintéressement, le bel usage des richesses,
vertus si nécessaires aux personnes d'une grande naissance.

Paul répudia sa femme Papiria sans qu'on ait pu savoir au
juste le motif qui le détermina à ce divorce. Mais, ajoute Plutarque, en fait de séparation de mariage, il me semble qu'il
n'y a rien de plus vrai que ce qu'un Romain, qui venait de
répudier sa femme, dit à ses amis qui lui faisaient des re-
proches et qui lui demandaient : « Votre femme n'est-elle
pas sage? N'est-elle pas belle? Ne vous a-t-elle pas donné de
beaux enfants ? » Pour toute réponse à ces questions, il leur
montra son soulier et, les questionnant à son tour : « Ce soulier, leur dit-il, n'est-il pas beau? N'est-il pas bien fait? Mais
aucun de vous ne sait où il me blesse.»

Notice XXVI

Asdrubal

Devant l'imminence du danger que courait la ville de Carthage, ce général, naguère proscrit par le Sénat, avait été
rappelé. Il aurait exterminé les Romains engagés téméraire-
ment par Mancinus, lieutenant de Pison, dans un poste où
les Carthaginois les tenaient enfermés, sans une diversion
habile exécutée par Scipion Emilien, qui venait d'être nommé consul et qui avait débarqué à Utique le matin même de
cette intervention. Cet Asdrubal commandait seulement les

armées du dehors; un autre général du même nom de « Asdrubal », petit-fils de Masinissa par sa mère et qu'il ne faut pas confondre avec le premier, avait le commandement des troupes dans Carthage. Le premier, ambitieux et violent, enflé de quelques succès qu'il avait eus d'abord contre les Romains, n'avait pu souffrir que l'autorité fût partagée entre lui et son collègue; pour la réunir entière sur sa personne et se délivrer d'un rival incommode, il avait suscité des délateurs pour l'accuser d'intelligence avec Galussa, son oncle, puis, l'ayant fait assommer sur la place publique, il était resté seul en possession du commandement, tant au dedans qu'au dehors de Carthage.

Sa femme, qui était restée avec les derniers défenseurs de Carthage, ayant vu son mari se jeter aux pieds de Scipion avec une branche d'olivier à la main, monta au sommet du temple d'Eschmoun, parée de ses plus beaux habits, prononça des imprécations contre son indigne époux, poignarda ses enfants et se lança avec eux dans les flammes qu'y avaient allumées les transfuges transportés de fureur.

Notice XXVII

Les Gladiateurs

On appelait gladiateurs ceux qui s'entretuaient sur l'arène pour la réjouissance du peuple. Ce qui a donné naissance à ces combats est vraisemblablement l'ancienne coutume d'immoler des captifs ou prisonniers de guerre aux mânes des grands hommes qui étaient morts en combattant. C'est ainsi qu'Achille, dans Homère (*Iliade*, XXIII), immole douze jeunes Troyens aux mânes de Patrocle, et que, dans Virgile (*Enéide*, XI) Enée envoie de même des captifs à Exandre pour les immoler au funérailles de son fils Pallas.

Mais il parut barbare de massacrer des captifs comme des

bêtes, et l'on institua les combats de gladiateurs, qui permettaient à chacun d'eux, par son adresse, de sauver sa propre vie en donnant la mort à son adversaire.

Tout d'abord, ces combats n'avaient lieu qu'aux funérailles des hommes illustres; mais bientôt la pratique en devint si répandue que les particuliers spécifiaient eux-mêmes, dans leur testament, le nombre de groupes de gladiateurs qu'ils désiraient après leur mort.

L'an 216 av. J.-C., dit Sénèque, les fils de M. Emilius Lepidus donnèrent, pour les funérailles de leur père, vingt-deux paires de gladiateurs; ce spectacle dura trois jours et fut célébré dans la grande place de Rome. L'an 200 av. J.-C., les fils de Valerius donnèrent, dans les mêmes circonstances, vingt-cinq paires de gladiateurs. L'an 183, il y eut, dans un spectacle semblable, soixante-dix paires de gladiateurs, et, l'an 174, soixante-quatorze.

Plus tard, deux sortes de personnes avaient part à ces combats : les unes, par force et contraintes, les esclaves et les criminels condamnés à mort; les autres de leur plein gré. Ces derniers étaient des hommes libres qui se louaient pour cet infâme métier et qui mettaient leur sang à prix. Ces professionnels s'engageaient, devant le maître des gladiateurs, à combattre jusqu'à la mort. (Livius, ch. XXVIII, 21.)

La fureur pour les combats devint telle qu'on se donna, à l'exemple des Campaniens, ce plaisir sauvage au milieu des festins et que le nombre en augmenta dans les derniers temps de la République et sous les empereurs. Jules César, pendant son édilité, donna trois cent vingt paires de gladiateurs (Plutarque, dans *César*, p. 709). Gordien, avant d'être empereur, donna ce spectacle chaque mois de l'année. Parfois il y avait cinq cents paires de gladiateurs, et jamais moins de cinquante. Longtemps avant lui, Trajan, le modèle des bons empereurs, avait donné ce spectacle, avec d'autres pareils, au peuple, cent vingt-trois jours de suite, et, durant ces temps, dix mille gladiateurs parurent sur l'arène. (Dion, dans *Trajan.)*

Il est à remarquer, dit Lucien, que les Athéniens, dont le caractère était la douceur et l'humanité, n'admirent jamais dans leur ville de spectacles sanglants. Et, comme on leur proposait d'établir un combat de gladiateurs, pour ne pas céder en ce point à ceux de Corinthe : « Renversez donc auparavant — s'écria Demonax, célèbre philosophe, dont Lucien avait été disciple sous le règne de Marc-Aurèle — l'autel que nos pères, il y a plus de mille ans, ont érigé à la miséricorde. »

Constantin fut le premier des empereurs qui, sous l'influence prépondérante de Lactance, précepteur de son fils Crispus, fit des lois pour interdire aux villes de se souiller par ces cruels spectacles.

Notice XXVIII

Carthage renaît de ses cendres

On est en train d'édifier en ce moment une nouvelle Carthage sur les ruines mêmes de l'ancienne Reine des Eaux. Si intéressant que puisse paraître ce sol bouleversé aux yeux de quelques savants, parmi lesquels se faufilent bon nombre de bluffeurs soudainement épris d'archéologie, le public, qui préfère le spectacle réjouissant de la vie, ne peut qu'applaudir à cette louable et grandiose entreprise.

Il va sans dire que les richesses archéologiques susceptibles d'être mises à découvert par la pioche des terrassiers seront recueillies et cataloguées soigneusement, avec l'indication, sur un plan d'ensemble, de l'emplacement exact où elles auront été découvertes.

Etant donné sa situation admirable, la nouvelle Carthage nous semble appelée à un avenir digne des souvenirs historiques qu'elle évoque. Quels sont, en effet, les personnages de marque des deux mondes qui ne seront pas jaloux de posséder là un pied-à-terre?

Notice XXIX

Les Industries en Tunisie

Déjà une Société, dite *Société métallurgique de Mégrine*, a inauguré, le 19 mai, une usine qui traite le minerai de plomb. Etant donné que les vastes ateliers de constructions métalliques de la *Société Franco-Tunisienne* (anciens ateliers Dumergue), situés avenue Jules-Ferry, côté nord, à environ 250 mètres de la statue de ce dernier, doivent être transférés sous peu à Djebel-Djelloud, cette dernière ne sera-t-elle pas tentée de construire elle-même, à cette même gare, des hauts-fourneaux destinés à traiter les minerais de toute nature dont elle a besoin?

Ces établissements auraient l'immense avantage de supprimer le fret de matières ou déchets sans valeur et de laisser dans la Régence tous les bénéfices attachés à leur industrie. Nous engageons les touristes de passage à Tunis à visiter ces ateliers qui, par l'importance de leurs installations, des moteurs et des machines-outils employés, n'ont pas leurs pareils dans toute l'Afrique du Nord, même à Alger.

> Entendez-vous, là-bas, ces concerts métalliques
> Qui, du noble travail, sont comme les cantiques ?
> Où trois cents ouvriers, disciples de Vulcain,
> Près du lac Bahira font retentir l'airain ?
> C'est là qu'à la lueur du brasier qui s'allume
> Le fer, docile et doux, se pétrit sous l'enclume ;
> Que le Cheval-Vapeur au pouls vertigineux,
> Qu'un nouveau Prométhée alla ravir aux cieux
> Pour la paix des humains, proclame au phalanstère
> « Qu'on peut être un héros sans ravager la terre »,
> Imprimant à l'outil la souplesse du bras,
> La grâce et la rigueur parfaites du compas,
> De l'électricité la force titanique
> Dont nous cherchons en vain la baguette magique.

Nous avons ouï dire qu'une Société était actuellement en formation à Tunis pour la création d'une malterie. Un établissement de cette nature nous semble appelé à un avenir des plus prospères. S'il est vrai, en effet, que la Régence trouve profit à traiter sur place les minerais et les phosphates, il est évident qu'elle n'est pas moins intéressée à pratiquer le maltage dans les mêmes conditions, par cette raison que les cultivateurs (colons européens et indigènes) trouveront dans cet établissement, et pour ainsi dire à leurs portes, un écoulement assuré de leurs orges, sans les risques à courir qu'entraînent fatalement les expéditions d'outre-mer et l'intermédiaire onéreux des courtiers par lequel, actuellement, il leur faut passer.

Combien d'autres industries ne pourraient-elles pas être créées à Tunis ? Plutôt que d'expédier en France ou à l'étranger les laines à l'état brut, leur traitement sur place, de manière à les livrer toutes prêtes à être employées dans les filatures, assurerait vraisemblablement aux colons des bénéfices beaucoup plus sérieux. De même pour le liège.

Au moment même où nous écrivons ces lignes, nous apprenons qu'une Verrerie, succursale de celle de Saint-Etienne, va s'établir incessamment à Tunis.

All right !

ERRATA

El-Djem, page 84. — Lire : 1789 au lieu de 1889.

Notice XII, page 112. — Lire à la treizième ligne : parlant aux hommes séparément des femmes et aux enfants séparément de leurs parents.

TABLE DES MATIÈRES

CARTHAGO
poème

I

Une visite à Carthage

APPENDICE

SERVICE CIRCULAIRE

TUNIS-GOULETTE-MARSA-TUNIS

Départs de TUNIS-CASINO toutes les heures, *à l'heure 15*, de 5 h. 15 du matin à 8 h. 15 du soir, suivant l'horaire-type ci-après :

Dist.	STATIONS	HORAIRE-TYPE
kil.		
» 9	Tunis-Casino......*dép.*	l'heure 15
	Tunis-Marine (h.)	
10 1	Le Bac (h.)	
11 1	La Goulette............	— 33
11 6	Goulette-Neuve.	
12 1	Goulette-Casino (h.)	
12 6	Khéreddine.	
13 6	Kram................	— 39
14 2	Salammbô.	
14 7	Douar-ech-Chott.	
15 2	Dermech (h.)	
15 7	Carthage............	— 45
16 8	Sainte-Monique (h.)	
17 4	Briqueterie (h.)	
18 »	Sidi-bou-Saïd.........	— 53
18 7	L'Archevêché (h.)	
19 1	La Corniche (h.)	
19 8	Marsa-plage..........	— 58
20 4	Résidence.	
21 »	Marsa-ville...........	— 07
22 3	Consulat anglais (h.)	
24 »	Sidi-Daoud (h.) crois'..	— 12
28 2	Aouïna (h.)............	— 18
29 5	Aouïna (garage).	
35 1	Borgel (h.)	
37 »	Tunis-Nord....... *arr.*	— 37

Train supplémentaire à 10 h. 15 soir.
Voir, pour le train de théâtre, à la page suivante.

TUNIS-MARSA-GOULETTE-TUNIS

Départs de TUNIS-NORD toutes les heures, *à l'heure 48*, de 5 h. 48 du matin à 7 h. 48 du soir, suivant l'horaire-type ci-après :

Dist.	STATIONS	HORAIRE-TYPE
kil.		
1 9	Tunis-Nord........*dép.*	l'heure 48
	Borgel (h.)	
7 5	Aouïna (garage).	
8 8	Aouïna (h.)............	— 06
13 »	Sidi-Daoud (h.) crois'..	— 12
14 7	Consulat anglais (h.)	
16 »	Marsa-ville............	— 18
16 6	Résidence.	
17 2	Marsa-plage...........	— 27
17 9	La Corniche (h.)	
18 3	L'Archevêché (h.)	
19 »	Sidi-bou-Saïd..........	— 34
19 6	Briqueterie (h.)	
20 2	Sainte-Monique (h.)	
21 3	Carthage..............	— 40
21 8	Dermech (h.)	
22 3	Douar-ech-Chott.	
22 8	Salammbô.	
23 4	Kram................	— 45
24 4	Khéreddine.	
24 9	Goulette-Casino (h.)	
25 4	Goulette-Neuve.	
25 9	La Goulette............	— 52
26 9	Le Bac (h.)	
36 1	Tunis-Marine (h.)	
37 »	Tunis-Casino ..... *arr.*	— 10

Train supplémentaire de Carthage à Tunis : départ de Carthage à 5 h. 40 matin.

SERVICE TUNIS - GOULETTE - CARTHAGE

TUNIS - CARTHAGE

Départs de TUNIS-CASINO toutes les heures, *à l'heure 45*, de 5 h. 45 du matin à 8 h. 45 du soir, suivant l'horaire-type ci-après :

DISTANCE	STATIONS	HORAIRE-TYPE
kilom.		
» 9	Tunis-Casino .... dép.	l'heure 45
	Tunis Marine (h.)	
10 1	Le Bac (h.)	
11 1	La Goulette	— 01
11 6	Goulette-Neuve.	
12 1	Goulette-Casino (h.)	
12 6	Khéreddine.	
13 6	Kram	— 07
14 2	Salammbô.	
14 7	Douar-ech-Chott.	
15 2	Dermech (h.)	
15 7	Carthage .... arr.	— 12

CARTHAGE - TUNIS

Départs de CARTHAGE toutes les heures, *à l'heure 14*, de 5 h. 14 du matin à 9 h. 14 du soir, suivant l'horaire-type ci-après :

DISTANCE	STATIONS	HORAIRE-TYPE
kilom.		
	Carthage .... dép.	l'heure 14
» 5	Dermech (h.)	
1 »	Douar-ech-Chott.	
1 5	Salammbô.	
2 1	Kram	— 18
3 1	Khéreddine.	
3 6	Goulette-Casino (h.)	
4 1	Gouletts-Neuve.	
4 6	La Goulette	— 24
5 6	Le Bac (h.)	
14 8	Tunis-Marine (h.)	
15 7	Tunis-Casino .... arr.	— 40

TRAINS DE SERVICE ET TRAIN DE THÉATRE

STATIONS	PRENNENT LES OUVRIERS		MARCHANDISES-OUVRIERS (Jours de semaine seulement) Facultatif		TRAIN DE THÉATRE (Samedi seulement)	
	matin	matin	soir	soir	minuit	Le train de théâtre
Tunis-Casino .... dép.	»	»	»	»	»	sera retardé de quinze
Tunis-Dépôt .... dép.	4 46	5 10	4 20	»	12 16	minutes si le specta-
La Goulette	»	5 27	4 40	»	12 27	cle donné au théâtre
Carthage	5 12	5 38	4 50	4 52	12 45	municipal n'est pas
Marsa-ville	»	Ce train n'a pas lieu durant	»	»	1 15	terminé avant minuit.
Tunis-Dépôt .... arr.	»	la période du 1er juin au 9 octobre inclus.	»	5 18